汉字与文物的故事

返来长安过一天

许进雄 著

化学工业出版社
·北 京·

原繁体版书名：返來長安過一天——漢字與文物的故事
作者：許進雄
ISBN：978-957-05-3181-7

本书中文简体字版权透过北京时代墨客文化传媒有限公司代理，由台湾商务印书馆授权化学工业出版社独家出版发行。非经书面同意，不得以任何形式，任意重制转载，本著作物简体字版仅限中国大陆地区发行。

北京市版权局著作权合同登记号：01-2019-5515

图书在版编目(CIP)数据

汉字与文物的故事. 返来长安过一天 / 许进雄著. —北京：化学工业出版社，2020.1
ISBN 978-7-122-35460-0

Ⅰ. ①汉… Ⅱ. ①许… Ⅲ. ①汉字-通俗读物②文物-中国-汉代-通俗读物③文物-中国-唐代-通俗读物 Ⅳ. ①H12-49②K87-49

中国版本图书馆CIP数据核字（2019）第245365号

责任编辑：郑叶琳　张焕强　　书籍设计：尹琳琳
责任校对：宋　夏　　版权经理：金美英

出版发行：化学工业出版社
（北京市东城区青年湖南街13号　邮政编码100011）
印　　装：北京凯德印刷有限责任公司
710mm×1000mm　1/16　印张16 1/4　字数168千字
2020年2月北京第1版第1次印刷

购书咨询：010-64518888
售后服务：010-64518899
网　　址：http://www.cip.com.cn
凡购买本书，如有缺损质量问题，本社销售中心负责调换。

定　　价：78.00元　　

中华文物的初学津梁

序

在同侪之中，许进雄的学术成就是我最佩服的。他的甲骨研究和著作，于安阳殷墟博物馆甲骨展览厅被评为世界对甲骨学最有贡献的二十五名学者之一；他的《中国古代社会：文字与人类学的透视》，从文字与人类学加以透视，堪称别开生面的经典名著。因为他有机缘在加拿大皇家安大略博物馆和多伦多大学沉潜三十年，博览群籍，摩挲文物，从而厚积学识、广开眼界，以不惑之年，即蜚声国际。

进雄的性情，也被同侪评为天下最老实的人。他虽然爱说笑话，博君一粲；但襟抱磊落、表里如一，言必有信。他放弃加拿大高薪稳定的工作，“回母系贡献”，也因此创下台大中文系新聘教员“全数通过”的纪录。他在台大，用心用力地培养甲骨学新秀，希望这一门“望重士林”的学问，能够在中文系薪火相传。在他心目中，也果然已有传人，可惜始终未能扎根母校。如果说进雄返回台湾多年，有什么遗憾的话，应当只有这件事。

有天世新大学牟宗灿校长向洪国梁主任跟我征询能使世新中文系加强阵容和向上提升的人才，牟校长当即同意礼聘进雄。我很高兴数十年莫逆之交的弟兄，又能一起为世新尽心尽力。而青山绿水、清风明月，杯酒欢笑，亦复能洋溢于白发萧疏之中。

进雄将由台湾商务印书馆出版的一套四册《汉字与文物的故事》（这是他在台大和世新的授课讲义），以文物作为单元，逐篇撰就，篇篇深入浅出，可以看出进雄学养的扎实，而机趣亦自然流露其间。我认为此书不只可作为喜爱中华文物的初学津梁，其精要的见解同样可供学者参考。

能出一本书是读书做学问的人的一大愉悦，在为进雄感到高兴之余，也写出我对他治学为人的一些认知。因为就读者而言，“读其书，不知其为人可乎！”

曾永义

因缘际会说甲骨

繁体版自序

一九六〇年我进到台湾大学中文系，因缘际会开始研读甲骨学，到了研究所毕业的时候，我的甲骨学知识已能自行研究，独当一面了。一九六八年，承蒙历史语言研究所的李济博士与业师屈万里教授共同推荐，我去加拿大安大略省多伦多市的皇家安大略博物馆，整理明义士博士收藏的大批甲骨文字。我从未想到会因此因缘而深涉中国古文物及中国考古学的知识。

皇家安大略博物馆原来是多伦多大学附属的机构，兼有教学与展示的功能，一九六八年因扩充编制而脱离大学成为独立的省属机构。馆藏的文物包括人类所有地区的文明以及科学各领域的信息，其中以远东部的中国文物最为有名，号称是中国地区以外最丰富的十大收藏之一，很多藏品独一无二，连中国都难得见到。

我所受的专业训练是有关中国学问的，既然身在以收藏中国文物著称的单位服务，自然会变成同事们咨询的重要对象。为了因应工作的需要，我只得扩充自己求知的领域，除了加强对中国思想、文学、语言等学科原有的训练外，也自修考古、艺术、民俗、天文、产业等各方面的知识，以应付博物馆的多样化展览主题，因此也就不自主地开始深入了解中国文物的必要知识。

在多伦多，我本有博物馆与多伦多大学的稳定工作。但受到学长曾永义教授“回母系贡献”的一再敦促，一九九六年应台湾大学中文系之聘，返回台湾来讲授中国古代社会学、甲骨学、文字学等课程，当时尚未有开设相关中国文物课程的构想。在一次餐会中，认识了世新大学通识课程的主任赵庆河教授，他谈及想增加中国文物知识的普及化教学课程。我告以自己曾经在博物馆工作，具有二十几年参与中国文物的收藏与展览的经验，在加拿大的洋人社会里也长期从事推广中国文化的活动。他就问我是否可以考虑去世新大学开一门有关中国文物的通识课程，我答以何乐而不为。当时以为只是客套的交谈，并未做教学的进一步打算。谁知开学前不久，突然接到电话，说通识课程已经排定了，请我准备上课。在匆促之间，就决定以我与同事们为介绍馆藏重要文物所编写的书，《礼敬天地——皇家安大略博物馆的中国宝藏》（*Homage to Heaven, Homage to Earth - Chinese Treasures of the Royal Ontario Museum*，多伦多大学出版部，一九九二年）作为讲课的主要教材，辅以介绍其他机构的典藏品。如此一边教学一边编写教材，一年之后，初步的教材就绪，我也就把中国文物概说的课带到故乡的大学去。

皇家安大略博物馆的展示以主题为主，每个展览的筹划都像写一篇论文。不但展示的整体内容有起承转合的结构，个别文物的说明，除必要的名称、功能、材质、年代、制造、装饰等信息外，还特别重视文物背后所隐含的生活与社会意义，希望观众于参观后，能对展示的主题有明确的认识，而不是只浏览展品美丽的外观而已。在长期受这种以教育观众为展览目标的主导原则的影响下，我对于文物的认识常着重其制造时的社会背景，所以讲课时，也经常借重我所专长的中国文字学、中国古代社会学，做综合性的诠释与引申。譬如，在介绍红山文化的玉猪龙时，就借甲骨文的“肙”字谈佩戴玉佩以驱避蚊子的可能性；介绍大汶口的象牙梳子时，就借用甲骨文的“姬”字谈发饰与贵族身份的关系；教到东周的莲瓣盖青铜酒壶时，就谈盖子的滤酒特殊设计；介绍唐代的彩绘釉陶妇女骑俑，就谈妇女生活解放与自主性的问题；对半坡文化的小口尖底红陶瓶，就谈中外以陶器运输水酒的惯习；对唐代墓葬的伏羲与女娲绢画，就谈中国的鹿皮与结婚礼俗，以及中国古代台湾地区居民与汉族的关系。借金代观世音菩萨彩绘木雕介绍观音菩萨的传说与信仰；借宋代太和铭双龙纽镈钟谈宋代慕古风气与金人洗劫汴京的史实；利用刻纹木陶拍介绍陶器烧造的科学知识；等等。

大部分同学对这种涉及多门学科、整合式的新鲜教学法感兴趣。

有位在某出版社就职的同学找我谈，说他们的总编辑对我讲课的内容也有兴趣，有意请我将讲课的内容写出来出版。在与总编辑面谈后，初步决定撰写一百四十篇，每篇约一千一百字，以一件文物为中心，选取新石器时代至清代各种不同类型的文物，依教课的模式与精神，谈论各种相关的问题。至于书名，因博物馆的展览经常提供导览服务，导览员会对较重要的展品做详细的解说，并申论个人的意见，这与本书撰写的性质和目的非常类似，所以就把书名定为《中华古文物导览》。每篇文章都是独立的单元，读者可以随意浏览，不必从头读起。

面谈后我就兴致勃勃地开始选件与写作，谁知到了任务快完成时，因版权费的原因，我不签合约，写作的兴致也就此打消，于写完一百三十一篇后就辍笔不写了。之后曾把部分文章改写为六百字的专栏刊在《国语日报》上，但登了四十几期亦终止了。后来有家出版社的社长向我征求甲骨学方面的稿件，我一时没有甲骨学的著作，就想何不补足《中华古文物导览》的稿件交给该社出版。承该社长不弃，付梓问世了。

《中华古文物导览》出版后，我接到大陆朗朗书房的电话，说这本书的写作方式非常新颖，打算介绍给大陆的读者，问能不能授权给他们简体字版的版权。我就请他跟出版社直接洽谈。于取得简体字的版权后，他们央求我多写十篇。我也答应写了。出版时改名为《文物小讲》。

《中华古文物导览》出版后，我发现市面上不太容易找到这本书，但《文物小讲》销售却不错，再度签了五年的合约。显然并不是内容有问题卖不出去，而是销售的方法不合适。于是我找台湾商务印书馆谈，把《中华古文物导览》这本书的版权买下来，而我大幅扩增内容，预定完成全新的版本共四册，并把教课的讲义做适度的删改，使其适合大众阅读。很高兴洽谈成功，把版权移转到台湾商务印书馆。现在出版在即，把原委稍为说明如上。最后还希望学界先进，赐教是幸！

许进雄

二〇一八年五月九日于新北市新店区

简体版自序

在受聘到加拿大多伦多市的皇家安大略博物馆工作以前，我不曾梦想自己会参与中国文物的研究工作，但命运之神却一步步地把我引领到中国文物的领域里。故事的起源应该推到我高中三年级的时候。从小学开始，我没有真正努力读书做功课过，整天只是嬉戏游玩，成绩都是平平常常的。到了高三的时候，我对于能否考上理想的大学没有把握。我自己决定办理休学，在家自学，打算考不上理想的学校时，还可以复学回到学校再度准备报考。人算不如天算，谁知这年修改章程，学生不能以同等学力报考。我只好赋闲在家，无所事事。

有一天去逛书店，看到一本厚厚的王念孙注释的《广雅疏证》。不知什么念头，我翻开书页，看到有“古、昔、先、创、方、作、造、朔、萌、芽、本、根、蘖、鼃、萚、昌、孟、鼻、业，始也”。我好奇，为何这么多不同的字，却有同样的意义？有些字的用法我是晓得的，可是有些就不明白了。我就把这本书买了回去，想仔细看看这到底是怎么一回事。读后明白，这些字的本义虽不尽相同，但使用在不同的句子的时候，却可以有类似的意义。我有兴趣读这本书，连带也开始用心攻读其他的功课。我进一步阅读了王引之的《经传释词》《经义述闻》，俞樾的《古书疑义举例》等著作，甚至去找出引用的原典来阅读。当时我觉得中国文字很奇妙，从此一心一意要报考中文系，探寻中国文字的深意。

复学后我如愿考上了台湾大学的中国文学系。我了解到，要学好文字学，二年级的文字学与三年级的声韵学是必要的基础。于是我就去旁听这两门课，同时也积极向不同的老师请益。教古文字学的金祥恒老师是我时常请益的。那一年文学院的古文字研究室创刊了《中国文字》，里头就有一篇金老师写的文章《释虎》，介绍虎字的甲骨文字形就是描画一只老虎的形象，后来经过各种的演变，逐渐成为现在的虎字以及隶书、草书等各种形态。

[“虎”字甲骨文字形]

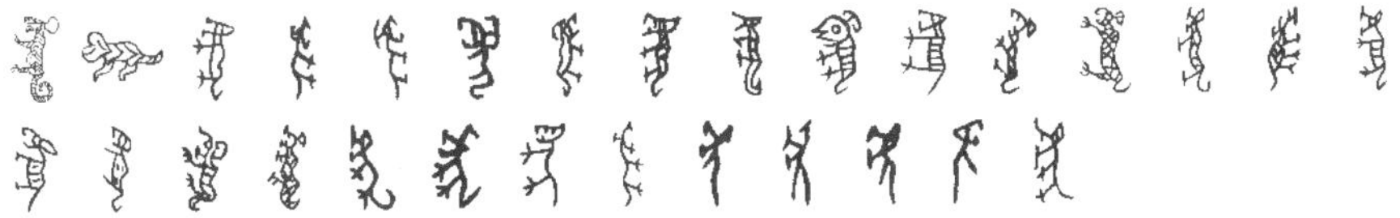

[“虎”字金文字形]

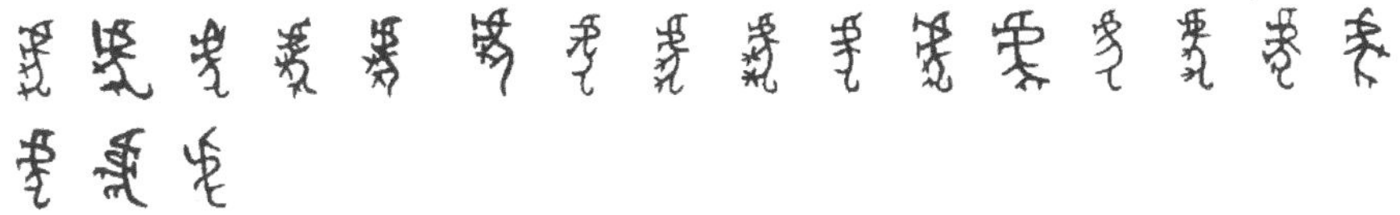

我读了之后很受启发。了解到，若要对中国文字的创意有正确的解答，以目前资料保存的状况来看，应该从最早的商代甲骨文下手。从此我开始用心地阅读有关甲骨学的文章。

到了第二学年正式学习文字学，这年改由李孝定老师来教。李老师当时正在编写《甲骨文字集释》，这本书的撰写体例是把各家对于某一个甲骨文字形的解释汇集在一起，然后以个人的意见作为总结。李老师了解我对甲骨学有些认识，让我到他在历史语言研究所的研究室阅读他的原稿，同时校对引文有没有笔误或遗漏。这就等同让我阅读了当时所有的甲骨著作。到了下学期即将结束的时候，李老师告诉我，有个美国的机构在台湾设立一个中国东亚学术研究基金，提供必要且非常优渥的奖助学金，以期提高学生们对于某些冷门学科从事研读的意愿。其中有一个名额是颁给研究甲骨学的学者，但这个奖助是需要写研究论文的。他和戴君仁老师共同推荐我。我就依老师的指示，提出研究题目“商代祭祀卜辞的研究”去申请。

得知获得奖助后，我就开始收集材料，真正着手从事研究的工作了。每有所得，我会就近把一些看法拿来向金老师请教。金老师也鼓励我把比较有心得的部分先挑选出来，写成小文章在《中国文字》上发表。

研究期间我最大收获是对于“周祭”（初称五种祭祀）的研究。董作宾和日本甲骨学家岛邦男两位前辈教授是我之前对于周祭研究最著名的两人。我重新探索，而且找到证据，修正了两位前辈所推论的周祭的祭祀名单和祀首（开始的祭祀组）。五种祭祀是以翌、祭、载、劦、肜等五个祭祀，持续不断地向商王的祖先举行，一个周期约为一太阳年。但有必要探求何者为先，董作宾先生认为祭祀时先鼓乐的肜，然后跳舞的翌，最后以吃饭的祭、载、劦结束，所以次序是肜、翌、祭、载、劦。岛邦男先生认为先大规模的举行，祭的祀组包括载与劦，规模最盛，所以次序应该是祭、载、劦、肜、翌。这两种说法都是主观的认定，没有支持的证据。我就发现有两条卜辞，其序列都是翌、劦、肜。而且翌组与祭组、祭组与肜组都是相连的，但肜组与翌组之间却有一个空旬，明显表现一个祀组与下一个祀组之间的中断。所以五种祭祀举行的次序应该是翌、祭、载、劦、肜。此文发表以后，大概就被认定为正确，不再有异议了。后来在屈万里教授的指导下，我扩充成为我的硕士论文《殷卜辞中五种祭祀的研究》。因为我从大学三年级就开始探讨这个问题了，所以修业二年就从硕士班毕业了。

那时正好加拿大的多伦多大学东亚学系写信给研究院，请求推荐一个人去整理学校所收藏的明义士博士购藏的甲骨。屈老师大概认为我已经具备独立从事研究的能力了，就与研究院的李济教授合力推荐我去加拿大整理那批材料。

在博物馆工作，我有一个重要的发现，可以利用甲骨上的钻凿形态去判断甲骨刻辞的时代。早先董作宾先生发表了《甲骨文断代研究例》，从刻辞的内容归纳出甲骨断代的十个标准，很得学者的赞同。但是其中某一类的甲骨，学者对于其年代却有两种不同的意见，相持不下。我的钻凿断代方法提供一个不同的切入点，有利于解决争论。

殷墟出土的甲骨，为了让占卜烧灼后的兆纹能够容易显现，就在背面挖刻凹洞，学术界称之为钻凿。一般学者没有看过真正的甲骨，看过的学者也没有长时间的接触，所以都没有发现不同时期的甲骨其上的钻凿形状有不同的形态，自然也不会想到甲骨上的钻凿形态和时代之间可能有一定的联系。

在拓印完甲骨之后，我会对甲骨进行清理，这个过程中一定会看到甲骨背面的形象。在清理了一段时间以后，我慢慢感觉到不同时期的甲骨上的钻凿形态有不一样的习惯，就转而特意地观察，并且到美国、英国、日本、中国台湾等收藏丰富的单位去收集资料。确定钻凿形态对于甲骨的断代确实具有启发性，并完成我在多伦多大学东亚系的博士论文。从种种现象，我得出第四期与所谓的王族卜骨应该是同时代的结论，即肯定了董作宾先生的论点。后来大陆在安阳的小屯南地以及小屯村中与村南所作的地层发掘，都证实我的研究结论。因此有些学者也开始撰文议论以前的错误归属。之前，研究院的张光直先生就指称这种以钻凿形态断代的方法是甲骨断代的第十一个标准。

自我写作的《中华古文物导览》出版后（简体版名为《文物小讲》），台湾商务印书馆接洽我出版比较完整的教学版本。我同意把自己的版权买回来让台湾商务印书馆重新编排与出版。我上课的材料有比较多参考的信息，我就做一些参考内容上的删减，计划以汉朝作为分水岭，分为两册出版。但是台湾商务印书馆编辑部建议以主要朝代的器物大致区分为：石器时代、春秋战国、汉唐、宋元明清，共四册，并以甲骨汉字为主轴，如此对读者比较容易入门，除了习得古物知识，更能了解甲骨汉字的来源和故事。虽然跟我原先的规划与分章的原则不同，但对一般读者来说会更具有阅读节奏。在这套书出版不久，我非常高兴被告知大陆的化学工业出版社悦读名品出版公司有意愿出版这套书的简体字版。

青色岫岩玉猪龙，高7.9厘米，红山文化类型，5500~4200年前

本书和大多数介绍中国文物的著作有很大的不同，一般的介绍偏重于出土或收藏的信息，如尺寸的大小、质料、名称、出土地、现藏何处，以及有无铭文等比较基本的信息。我因为每件重点介绍的文物要写上一千四百字左右，必然要加上一些自己延伸的观点。甲骨学是我的专业，所以往往也从甲骨文的视角来讨论。譬如说，所谓的红山文化的猪龙玉雕，我就举甲骨文的“龙”字（）,尾巴必定与嘴巴反向，而玉猪龙的尾巴与嘴巴几乎衔接，不可能是龙的形象。反而与甲骨文的“肙”字形（）相似，而且玉猪龙悬挂起来的形象与蚊子幼虫浮挂在水面的形象一致。肙字在甲骨刻辞的意义是病疾的捐除，所以建议玉猪龙是以幼蚊的形象悬挂在胸前，可能具有驱蚊虫的魔术意味。

蟠螭纹莲瓣盖双环耳青铜酒壶，高47.4厘米，加拿大皇家安大略博物馆藏。东周，公元前5世纪

又从部门所藏的春秋时代的莲花瓣透空盖酒壶，以及甲骨文的“莤”字，领悟到都是滤酒的器具。作用是卡住香茅，使酒渣不会从孔隙掉进酒壶里。

这件铜壶不但有六片向外伸出的透雕的莲瓣，而且盖子的顶部是透空的。盖子是为了防止酒的醇味走失而设计，如果是透空的，就失

饕餮纹平底青铜爵，高17.6厘米，商早期，公元前1600~前1400年

去其制作的意义了。中国的酒是用谷物酿造的，含有渣滓，把渣过滤掉才是比较高级的清酒。祭祀要用清酒，甚至是带香味的，才够表达主事者的虔敬心情。甲骨文的“莤”字（ ）作两手拿着一束草茅在一个酒壶之旁，充分说明使用香茅滤酒的创意。滤酒时先把草放在酒壶上然后倒上酒，酒就从草间的孔隙滴入壶中，不但把渣滓滤下来，还可沾染香草的味道。如果没有东西把草卡住，草就可能移动而有空隙，使得渣滓掉进壶中导致影响酒的质量，所以伸出的莲瓣是为了要把香草卡住而设计的，这就是为什么壶盖要透空以及有多个莲瓣的道理。商代没有这种形式的酒壶，但有滤酒的必要。到底使用什么器物去过滤酒呢？口沿有两个支柱的爵与斝，如果想用手提上来，就会倾斜而倒出里头的液体。大家都猜不透支柱的用途，我怀疑其作用就像这件酒壶的莲瓣，目的就在卡住滤酒的茅草。

鸟纹青铜斝，高22.8厘米，约商中期，公元前15~前14世纪

“酒”字的甲骨文（ ），创意来自一个窄身尖底的酒瓶。但是商代并不见这样的酒瓶，比较欧洲运往北非的酒瓶，和六千年前仰韶文化或五千多年前庙底沟的小口窄身尖底的红陶瓶绝似，知道那是因应长途运输的需要。所以创意的重点是装在这种特殊容器的是酒，不是水。这样就对仰韶文化

还没有酿酒的认知要重新思考。

小口尖底双系梳纹彩绘红陶瓶，高46.2厘米，半坡文化，6000多年前

同时我也讨论，这种尖底的陶器在庙底沟类型以后的文化遗址中不见或很少见到，可能与水井的开凿有关。在较早期的年代，水要从远地的河流汲取运送回家，所以陶器加两个圆纽以方便系绳背负。后来有了牛马家畜，可以用竖立的形式安放在牛马背部的两侧，由之背负而不必用纽系绳，一如游牧民族的辽、金时代，制造有超过半米高的细长陶罐，以方便马匹装运负载水酒。往后人们晓得挖井取水，就在住家附近开凿水井，不用从远地运水来，所以也不再需要这种造型的水器了。

以上略举几列，说明我介绍一件文物，除了基本的信息，经常从不同的角度切入观察。当然我也期盼同道不吝指正，让我有更成熟的认知。

许进雄

2019年8月

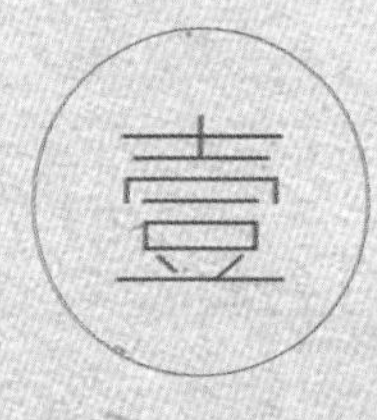

陶俑与明器——妙手天成，匠心独运

目录

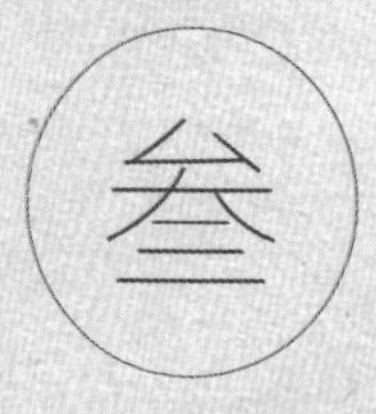

信仰与祈求——庄严宝像，清静光明

目录

同场加映

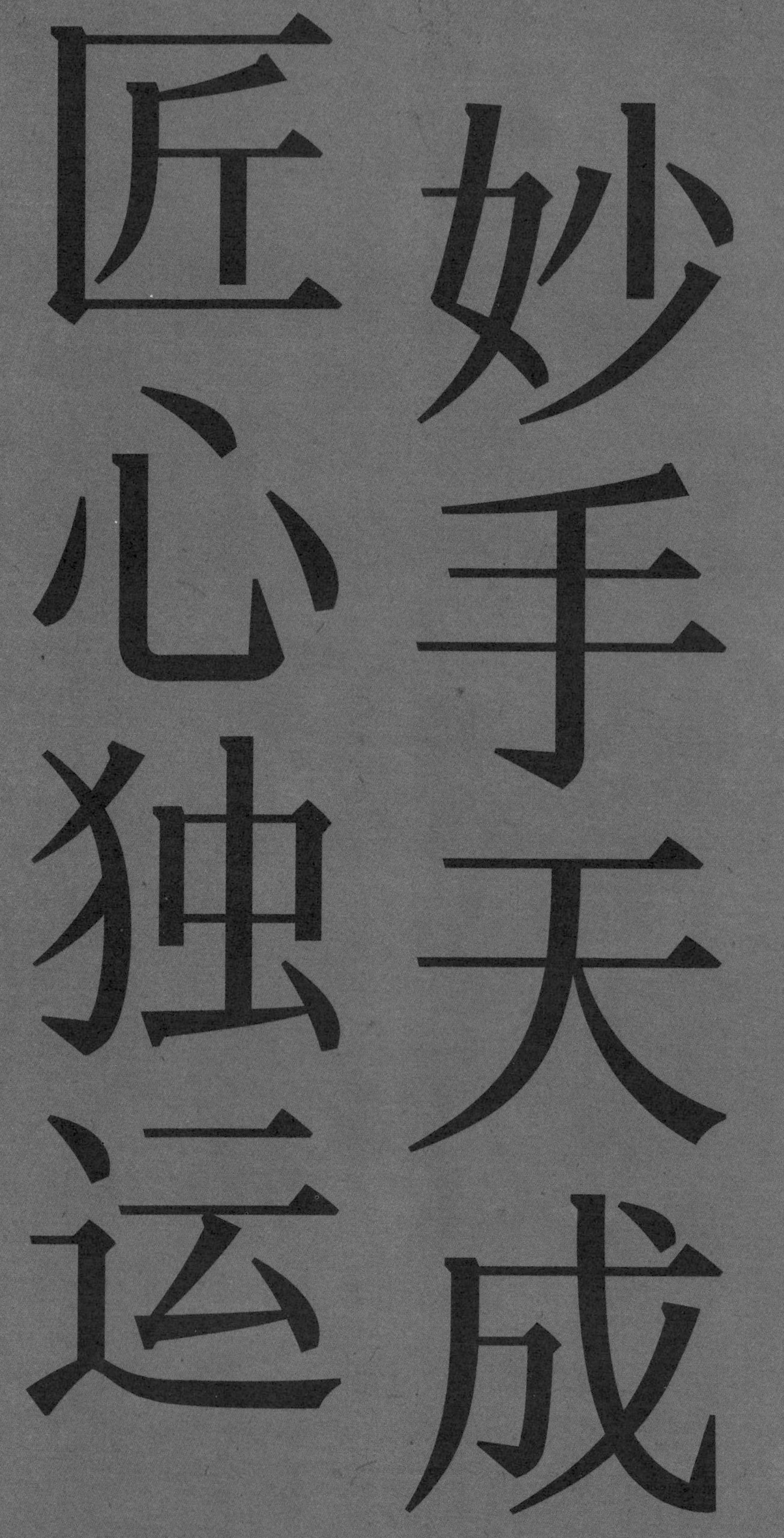
妙手天成
匠心独运

汉至唐的陶俑

俑的本意是指人形的陪葬品，后来被扩充为概括墓葬所出土的，尤其是替代实用品的陪葬用具。陪葬的器物古时一般称为明器，可能是避冥字的构词。以日用品及死者生前喜爱的物品陪葬，无非是相信死后有灵魂，渴望进入另一个世界后能继续享用生前的财富和威望。所以家人会竭尽所能满足死者的愿望，免得死者灵魂会因失望而前来骚扰生者。到了阶级确立的时代，随葬品也附带着炫耀财富与地位的作用，因此更加不惜花费巨资制作。

远古的人们以采集渔猎为生，居无定所。除了随身工具、武器以及装饰物外，没有太多的财物。那时连有没有正式的埋葬都值得怀疑，自不会有要陪葬东西好在死亡以后享用的想法。就算演进到氏族社会，过着群居生活，初期也没有产权的概念，东西由大家共有公用。除了个人专用的生活器具，因为被认为沾染了使用者的精灵或魔力，别人不得再使用，才以陪葬的方法毁弃之外，没有人能随意处置公有的器物。到了人们有产权的观念，可以随意处置自己的东西时，才可能有陪葬的意识。距今6000年的仰韶文化时期，人们可能就有这种意识；或要迟至有阶级差别的社会，有了以妻妾或奴仆殉葬的情形，才可确定有了要带到神灵世界使用的观念。

初始的陪葬物是实用器具。后来为了节省费用，才有象征意味的明器出现。明器制作，主要是模仿礼器、日用器皿、工具、家畜、人物等形象，使用较便宜的材料或缩小尺寸以节省费用。质料以木、陶最为常见，还有使用瓷、石、金属、纸、竹、草等材质的。《礼记·檀弓》里有："其曰明器，神明之也。涂车刍灵，自古有之，明器之道也。"新石器时代明器已有出现，到了商周时代日益普遍，秦汉时期更为流行，秦兵马俑甚为著名。

明器的制作使用各种材料，以省钱为主要目的，使用最多的是陶与木。木料容易雕刻、绘画细长的人身，因此制造出的数量一定不少。但木材为容易腐化的东西，除了南国的楚地，因地理因素略有出土以外，少见于其他地区的墓葬。陶制明器初以模仿铜制的器物为主，汉代陶器烧造的技术已大有改进，物美价廉，几乎成为明器的唯一材料。到了纸张便宜时，恐怕家道不富裕的，很多就改为纸糊的了。魏晋时代已有纸制冥钱，大概也会应用于随葬器物。

战国开始出现陶制明器，汉代盛行，有官署东园匠专司理其事，管理及供应有官职者的明器。家常用具、餐具、牲畜、炉灶、屋舍、田地、仓库、畜圈、井架、杵臼、奴仆、杂戏、舞姬等一类的模型，大概都可以随个人的财力任意购置。如果是车舆、马骑、武士、塔楼等代表阶级的东西，恐怕要具有一定地位的家庭才可以放入墓葬。

陶制明器的盛期在汉代至唐代。汉代大概因为是太平之世，属于军卒仪仗的明器不多。南北朝时期北方社会动乱，武人支配政治。武人喜好炫武，重视仪仗军容，所以披甲执盾的武士、高冠宽袍的文吏等形象特别多。到了唐代，明器之制更为严格，不但种类，连陪葬的数量也有规定。制作也非常讲究，一改汉代以来的素胎或单彩釉陶，常在一件器物上施用黄、绿、褐、蓝等斑斓多彩的不同色釉，即为唐三彩。这一时期的陶俑不但制作的种类多，也出现许多表现社会活动的新形象，而且非常生动，带有艺术创作的味道。如以骆驼一项为例，有昂首吐舌高嘶、跪坐休息、伫立待发等各种传神的姿态，其背上所驮的货物，更是形形色色不能备举。再加上乘坐骆驼的胡人商贾的形状，真是变化多端、比美雕塑的佳作。

北朝及唐代的陶俑多为骑马或徒步兵士、仪仗、官吏、仕女、骆驼、马匹，日用器比较少见。宋以后不再流行，明代虽然恢复盛况，但形制刻板，远不如唐代的姿态万千。

领导军队、保护秦始皇的威武将领

1974年，在陕西临潼发现秦始皇兵马俑遗址的消息震惊了全世界。成千上万比真人还高，姿态各异，服装和表情都不同，非常写实的陶塑像出土，井井有条地排列在坑道中，组成了一支雄武的军队，惊服了络绎不绝的参观者，被誉为“世界第八大奇迹”。

这些写实的塑像让我们对秦代的衣冠形制有了确实的依据，可以印证文献的记载。图1-1这件陶俑，直接把冠帽扣盖在发髻之上，以冠缨通过耳侧而向下捆缚于颔，末端呈八字分开，飘拂于颈下。袍内穿长至膝盖的内衣，外罩以稍短的战袍，再加上护肩及铠甲。铠甲的材料，上半部看似使用硬革裁成，缀甲的部分则可能是以钢铁打造。战

坚毅沉着、地位崇高将军俑

图1-1
彩绘灰陶将军俑，高197厘米，兵马俑二号坑出土，陕西省秦始皇兵马俑博物馆藏。秦，公元前221～公元前206年

国时期的钢铁甲胄至今已有多套出土。双肩及胸前结扎彩带。小腿穿着护腿，脚穿方口翘头的鞋子。双手交叉放置在腹前，像是按着一把长剑的样子。坑内曾出土长达91.5厘米的青铜扁茎剑，这样长的铜剑不便用于对战，乃是将军用来指挥军队的用具，亦可作为地位的象征。此人方脸、宽额、厚唇、留有八字胡，神情看起来坚毅沉着，颇有久经沙场、严于治军的将军气势，见证了秦始皇赖以统一六国的强大军事力量背后的卓越领导系统。

在汉代以前的文物中，我们看不到主人的形象，显现的人物多是双手被械梏的罪犯、掌灯的奴仆、脚被砍掉的守门者、取悦主人的乐舞者等下层的形象，大大不同于西方以塑造英雄人物为主题的艺术风格。看来这是两种不同民族的不同思考方式。这位在战场上指挥千万大军，决断他人生死的大将军，在秦代的社会不是属于高阶层的人物吗？难道秦国人思想和其他六国不一样，不在乎自己的形象被塑造？其实不是的。将军虽然在他管辖的范围里高高在上，但是在秦始皇的统治下，他也是一位属下，要为帝王服务，因此被塑造、埋葬在保护秦始皇的随葬坑中。如果是这位将军自己的坟墓，随葬的将会是成群的骑马持戈列队仪仗、服侍的奴仆和数不尽的财宝器物了。

图1-1这件将军俑出自二号坑。这个坑规模非常大，出土的俑也最多样，有步兵、骑兵及车兵，表现出联合编队的大型军阵模样。三号坑最小，出土一辆建有华盖的四马拉的车子，有四位高级武士护卫

着，但不见指挥的将军俑。学者认为这就是整个大军的指挥中心，其南厢房是议事厅，北厢房为宴饮享祭的所在。乘坐马车的人就是整个军阵的主人、大军的统帅秦始皇。依中国的传统，他的形象是不会出现在随葬行列中的，他被埋葬在俑坑后面的坟墓中。

轻装上阵，却令人闻风丧胆的秦朝士兵

图1-2所示这件陶俑的姿势很特别，左膝蹲曲，右膝着地，右手下垂，左手臂放在左腿上侧，下臂平横，表现出持拿某种器物的动作。在军事中，这种姿势最可能是在表现持拿弩机，所以有人称呼此件陶俑为“弩兵俑”。弩机是弓箭的进一步应用。一般的弓，弦拉满后就要于短时间内发射出去，否则手会因用力过久而发抖，以致发射不准。弩机则是利用三个铜构件组成扳机，扣住弦而不发动，等待最佳的时机才扣拉扳机将箭发射出去。另外，还可以用双脚撑住弓体，将全身的力量汇集于双手，拉弦扣在扳机上。这样可以使用更粗大、更有反弹力的弦，射出杀伤力更大的箭。曾经出土过装有二十支箭的战国时期的活动卡匣弩机，一次可射出两支箭，并可节省装箭时间，只需专注于拉弦扣扳机，有如现代的半自动步枪。

随时备战的军士 轻装士兵

图1-2

白衣彩绘灰陶跽射军士俑，高122厘米，陕西临潼秦始皇陵兵马俑二号坑出土，陕西省秦始皇兵马俑博物馆藏。秦，公元前221～公元前206年

这位军士的发型在兵马俑中属于最常见的形式，乃先将头发自中间分开，然后各掠向两耳与两鬓的长发结合，再编成辫子，最后盘结于头的左上侧，用朱红带子把发髻束扎住。从衣服下摆多层的样子，可推测穿的内衣与前面讲过的将军俑一样，是厚重温暖、长至膝盖的长袍，外罩稍短的战袍，最后套上用甲片缀缝的肩甲与铠甲。最近在秦始皇陵中发现的由612片组成的、重达18千克，同实物一般大小的石甲明器，和这个俑所穿的一模一样，应该就是当时的标准装备。这件俑脚上穿方口翘尖齐头的鞋子，和将军俑稍有不同。

图1-2中的这位军士，身与头向左倾斜，两眼平视，薄唇紧闭着，一副备战的样子。古时射箭的士兵，战斗时分立与跪两队，顺序发射，保持持续不断的掩护攻击。从塑像上看不出他带有防身武器的样子，但在遗址现场还发现了铜镞与铜剑，说明他在必要的时候也可以从事近身的搏斗。战斗的武士一般戴头盔以保护头部，尤其是位高权重的指挥官。甲骨文的“卒”字：，是很多甲片连缀起来的衣服的样子。卒字在西周以前的意思是穿用甲胄的高级军官。一旦产业发达，甲胄成为士兵的普遍装备，卒字的意义就被扩大，以之称呼士兵。指挥官在部队后方指挥攻防，不必参与第一线的战斗，所以不必穿沉重的装备。比如秦兵马俑坑出土的将军俑只穿少量的护甲，不戴头盔。

但是秦军最让敌人闻风丧胆的，却是那些一反常态，不戴头盔的“科头”武士，他们轻足善走，奋不顾身，常乘人之不备，攻敌于意外，建立了很多战功。兵马俑坑出土的徒步兵俑，除了少数穿有盔甲，大都没有穿戴任何的铠甲。张仪曾威吓韩国说：“秦带甲百余万，车千乘，骑万匹，虎鸷之士，跿跔科头，贯颐奋战者，至不可胜计也。”“不可胜计”的士兵指的就是这一类的勇士。

卒 zú = 卒

很多甲片连缀起来的衣服的样子。

如何从俑的发型判断性别

商代的大墓，偶尔也有人形的雕塑，如加上手梏的奴仆陶塑、裸体或盛装的玉雕人像等，它们到底是死者喜爱的艺术品，还是打算带到来世服务的侍从，难以肯定。但是像图1-3中这一件，从出土地点与衣着的式样推论，肯定是带去来世服务的奴佣俑了。

图1-3这个跽坐俑梳发为髻而垂于脑后，里面穿着厚内衣，外罩了一件轻薄的交襟长袍，双手半握拳置于腿上，双膝跪坐。此人表情严肃，头略为前倾，眼睛微张而垂视，嘴唇紧闭，面目清秀，留有胡须的墨迹（也许是种误会），是一位年轻人的塑像。从此人拘谨的形态及表情可以想见其身份是宫中的奴仆，还带有诚惶诚恐的心情。

与图1-3中这件同时出土的陶器，上有“大厩”“小厩”的铭文，可以推测这个陪葬坑象征宫廷的马厩，而这个陶俑是厩中的养马人。这件陶俑的捏塑技巧高超，刀法细腻，比例匀称。根据描述，原有鲜艳的彩绘，可惜出土后保存不良，色彩都已剥落，从照片已难看出痕迹。

宛如真人
宫廷奴仆的塑像

图1-3

彩绘灰陶跽坐俑，高65厘米，陕西临潼秦始皇陵陪葬坑出土，陕西历史博物馆藏。秦，公元前221～公元前206年

图1-4

图1-3前视像

图1-5
舞队陶俑，高5厘米，山西长治出土。战国，公元前403～公元前221年，山西博物院藏。制作朴拙，各有姿态

秦始皇陵所出土的陶俑的艺术手法都非常高超，像图1-3所示的这一件就连头发都一根一根地清晰刻画出来了，衣服的褶皱，甚至指甲，也都一丝不苟地据实呈现，让人感受到了工匠对艺术表现的执着与认真。

古代成年人的发型，男性大都把发髻盘在头顶上，而妇女则将整把头发束于脑后，后来也有盘到头顶梳成复杂形式的。这件陶俑要不是有残留胡须墨迹的描写，笔者一定把它当作女性看待。近日报告附

图1-7

灰陶立射俑，高186厘米，兵马俑2号坑出土。秦，公元前221～公元前206年

图1-6

灰陶将军俑，高196厘米，兵马俑2号坑出土。秦，公元前221～公元前206年

近出土了同样发型的陶俑，两脚平伸而坐，双手前伸有所动作的样子。其姿势与云南铜鼓上的织布女工塑像非常相似，很可能是在表现织布工坊里的织工形象。织布是女性的工作，所以笔者还是倾向于认为这件俑是在表现女性。

随葬物品起初用的是实用器，人殉也不例外。后来为了节省费用才以较小或较为便宜的材料制作。但人是没有办法以较便宜的材料制作的，所以西周以来，人殉的数量虽减少了，但没有替代物。孔子有

“始作俑者其无后乎”的言论，但是目前尚不能证实之前的时代有以俑随葬的习俗。可以当作证据的是为数不多的战国时代的楚国木俑。秦始皇大量以真人尺寸的陶塑物随葬，如果以事物演化的常规去看，应该有其模仿的对象，或许在尺寸缩小的楚国木俑之前，已存在真人尺寸的木俑，只是因为地下条件不易保存，所以没有见到出土物。

图1-8

灰陶马与牵夫俑，俑高180厘米，马长200厘米。秦，公元前221～公元前206年

图1-9

灰陶，或加涂白土及彩绘的男女侍俑。最高44.4厘米。西汉，公元前2世纪

具备战略价值的马

图1-10中的这件马俑虽然残缺，但仍然可以感觉到它矫健善跑的英姿。瘦长的头、嘴微张、鼻梁高而有棱，特别衬托出其曲折结实的腮帮子。耳朵的部位有两个小洞，应是插耳朵零件用的，可能是陶、木，甚至是皮制的。上细下粗的颈部并不显得浑圆肥胖，而是呈现筋骨纠结、肌肉隆起的凸棱状态，颈背有个沟槽，应是用来插已经遗失的毛质鬃毛。胸部微微隆起，腹部略向外膨，后背稍微隆起。臀部有装马尾的孔洞，腹下的腿部留有四个榫孔，所套的脚不知是木制还是陶塑。整体给人的印象是结实健壮，一点也不肥胖。这匹以零件组合的马设计特殊，其制作方式与一般大量生产的方式可能不同。一般为了翻模的方便，马鬃和身子不必分开，只有为了让马匹更为逼真，才需要装上异质料的毛鬃，如此讲究的设计，很可能是某位贵族定做的。

这匹马全身的比例匀称，是工匠仔细观察后才进行塑造的结果，

踏石留迹 汗血宝马

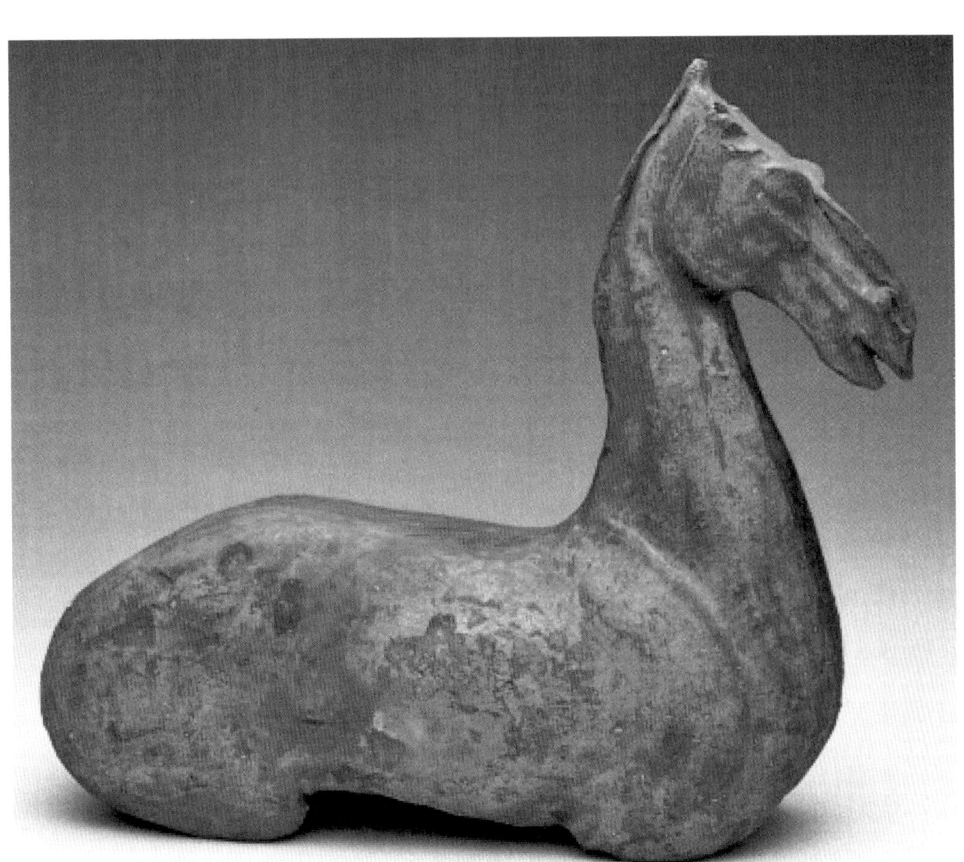

图1-10

赭衣灰陶马俑，高24.3厘米，加拿大皇家安大略博物馆藏。西汉，公元前2～公元前1世纪

和汉代大部分马俑只具有形状而忽略细部描写的风格非常不同。如果不是全身涂上一层赭色的土，有可能被误认为是唐代风格的作品。这匹马和一般的中国蒙古马种为不同品种。中国蒙古马种比较矮胖，腮帮子没有明显的曲折，而这是一匹产自西域的马。尤其是赭红的肤色，点明了它是来自西域的汗血马。汉武帝曾为臣下进贡的一匹这种野马写了首诗："太一贡兮天马下，沾赤汗兮沫流赭。骋容与兮跐万里，今安匹兮龙为友。"这匹汗血马引发他要取得更多种马的决心，因此不惜代价两次派遣军队，远涉不毛的沙漠与山脉，去攻打远在西域的大宛国。经过了许多的艰难，终于迫使大宛投降而取得一批被形容为"踏石留迹"的神奇汗血马。这种马之所以流血色的汗，是因为寄生体内的微生物随着汗被排出来的缘故。

马的感觉器官发达，眼大而位高，视野宽阔，记忆力强，方向感也极强；兼以力气大又善跑，是非常有用的牲畜。此外，老马有认路的本领，在荆莽中常能引人们脱离迷途，虽不一定用于骑战的目的，仍是重要的军备。但是马的性格不羁，很难驯服与控制，在常见的家畜中，马是最晚被驯养的。中国传说在4200年前的夏禹时代用马取代牛来拉车，可能是马被驯养后不久的事。

商代原不以马作为祭祀的牺牲，后来常被作为国与国间盟誓时的牺牲，可能是因为马是军中常备的装备。马既然有军事上的大用途，主政者当然要重视马的培育工作。从甲骨卜辞，得知商代不但中央政府有马官，各地方也有各自的马官，主管马的驯养工作。而各地方是否前来进贡马匹的记载也多次见于贞卜刻辞。

中国的马并不善跑，商代的马车因轴心离地面太高而容易翻覆，贵族乘坐是为了展示身份。后来盛行骑马，甚至马战，马种的培育自然成为国家的重要政策，所以从很早开始就向游牧民族索求优良的马种。如《今本竹书纪年》有西周孝王时西戎来献马，夷王时征伐太原之戎而获得马千匹的记载。汉景帝在西北边境大兴马苑达到36所，养马30万匹。汉武帝攻打大宛的原因也是基于长久的规划，不能把汉朝从此经济走下坡路，社会动荡不安的全部责任都算在他的身上。

风行汉朝的穿搭时尚

图1-11中的这件陶俑看起来头戴着轻便帽，有宽带罩住两耳并束缚在下颔，内穿暖厚的红领而有红宽边长袖的长至膝盖的内衣，外罩带红边略短的绿色战袍，外又加上方领黑漆革鱼鳞甲，在铠甲下端腰的部位用带绑紧。脚穿彩绘的高筒皮鞋。他的头稍微抬起，两眼直视前方，左臂下垂而袖管卷起，右臂上举，食指与大拇指伸直。出土时，他排在整个军阵的最前列，所以认为其上举的右臂是在做指挥的动作，给几千名即将前进的军队做下一个动作的指令，因此给了这个陶俑“指挥俑”的称号。他在军中的领导地位，使我们感受到了他脸上所表现出的坚毅果敢的气息。洗练的造型和栩栩如生的神态深深感动了2000多年后的我们。

图1-11中这件陶俑是1965年在一个汉墓的陪葬坑出土的。这个陪葬坑有1965个彩绘步兵俑、538个彩绘骑马俑，而这件是其中较为特殊的一个。这个坑已遭到破坏，否则出土的随葬俑可能还会更多。

栩栩如生
指挥大军的军士

图1-11
白衣彩绘灰陶举手军士俑，高55厘米，陕西咸阳杨家湾出土，咸阳博物院藏。西汉，公元前206～公元25年

汉代常见与日常生活有关的牲畜、器物、仆佣、歌舞俑等随葬，像这坑数量这么多，军容整齐，配备齐全的陶俑行列，是非常罕见的。专家认为这个工程浩大的墓葬是作为汉高祖刘邦的陪葬墓，墓主很可能就是汉初的名将周勃、周亚夫父子。

大多数的彩绘陶俑从地底下挖掘出来以后，因为接触了地面非常不同的大气环境，使得图绘的颜料产生了化学变化而褪色，有时褪色到连痕迹都看不出来。但是这一坑陶俑的彩绘都保存得非常理想，仍然鲜艳绚丽。不但在汉代，就是在唐代的彩绘陶俑里面，也难得找到同样鲜艳的作品。我们可以通过它们的色彩，想象其他已经褪了颜色的陶俑，在2000年前应有的生动形象。

秦汉时期的陶俑有一个很明显的特征，即内衣的形式，不管是贵族还是奴仆，文吏或是军士，男或女，都是穿高领的内衣，且不止一件。其形式看起来都有厚重的感觉，很可能是填了棉絮的。外面的罩袍看起来比较单薄。汉代的长袖内衣称为襜褕（chān yú）。汉武帝时，武安侯身穿襜褕入宫城，结果被判了不成体统的罪名；可以推测平常家居只穿内衣襜褕，有正事外出时才罩一袭轻薄的外袍。内衣兼有家居御寒与外出展示的功能，所以既要裁剪厚重，也要有衣领。北朝及唐代就不见高领内衣的形式，可能是受到异族生活环境比较公开的影响，家居时间少，穿外衣时间比较多，御寒的功能就由外衣来承担。

这一批作品很忠实地塑造了当时军士们的装备，让我们对汉代的戎装能有具体的认识。图绘的颜料至少有黑、褐、绿、红四种，也让我们了解了一些汉代的彩绘艺术。超过2500件兵马俑的阵容，虽然还比不上秦始皇兵马俑上万的威势，但其呈现在我们面前写实的多彩多姿，却不是秦始皇的兵马俑所可比拟的。

图1-12
铅釉红瓦陶骑马射俑，高31.4厘米。汉，约公元前50～公元50年

玩游戏玩到废寝忘食，可不是现代人的专利

图1-13中的这一组铅绿釉陶俑由四件所组成，中间是一方形的座，各边透雕三段圆弧而成为四个支脚的形式。座上放一块长方形的板，板上左半部堆贴的图样已经残缺，右半部隆起六条与板宽等长的窄道。左边的男士跪坐而身躯微起伸直，头戴顶上有缨装饰的圆帽，身穿窄长袖长衣，左手斜上举，手指有所动作，右手自然下垂；右边的男士臀部跪坐在小腿上，穿戴同样的衣帽，两手向下前伸，两掌五指并拢，掌心向上；显示两人的动作相互响应。参照其他动作类似的汉代陶俑，可以肯定这两个人是在兴高采烈地玩六博游戏。如果参照另一组河南灵宝张湾出土的六博游戏俑，这件的棋盘方向应该调整为横置。六条隆起的长脊应该是表现六根筹箸，放在一旁。残缺的另一边是画有方框与曲角线的棋盘，原本应放在两人的中间（见图1-14）。

流行的休闲六博游戏

图1-13
铅釉陶六博游戏俑，最高16.4厘米，加拿大皇家安大略博物馆藏。东汉，约公元100～公元220年

从文献上了解，在两汉魏晋时代六博游戏非常流行。下棋是有闲情的人所玩的一种游戏，大半是生活有余裕，不必担心三餐者，劳工就得不到这样的闲暇。游戏与歌舞一样，是生活愉快、无忧无虑的象征。在仙人的世界里，物资既无缺乏，精神也是极度快乐的，所以在营构墓室的画像石上就有仙人欢欣地大玩六博的图像。因此，墓葬里的六博陶俑也具有汉代常见的祈求长寿的意义。

当时使用的铜镜更能反映出此时期六博游戏的盛行程度。当时有种规矩镜，又称为博局镜，因为这种镜子的背面除主要纹饰之外，还有用明显的线条标出六博棋盘的线路。这种棋盘的中央是个方框，其四条边外各有一个面对中心点的T形纹，四个T之间以圆点分隔，各T

图1-14
汉代画像石上的博局游戏图

形之外是L形的曲角线条，盘的四个角落是像V形的直角线，所以这种镜子的早期英文名称叫TLV镜。棋盘上标明的线路和计时日晷的纹路也是一样，从而可知，汉代的博局镜是一物三用，既可以用来映照容颜，又可用来看时间以及下棋。

日晷是一种实用的器具，起源多早虽然已经难以考究，但至迟在春秋时期已经使用，比六博游戏早，可以推知六博是利用日晷的线纹作为玩乐的器具。到底是什么灵感促使发明者利用日晷的板来游戏，已不可考。

战国晚期的墓葬已有木制的六博道具出土。道具除棋盘外，至少还有两种不同形式的棋子各六枚，以及六根筹箸。从少量有关六博游戏的描述及棋盘的线路推测，游戏方式大概是以骰子一类道具掷得的点数，依线路行走，到达特定地点取得预定的点数就算胜利。胜利的结果取决于掷骰子的概率，对技巧的要求不高。如果以今日的标准来看，这是一种相当简单的走棋游戏，而在当时，不但有“三辅儿童皆诵之”的游戏口诀，甚至有令人玩到“废事弃业，忘寝与食”的地步。出土的图像，玩的人常舞动双手，兴奋不已的样子。只是这种游戏太过简单，吸引人注意的地方似乎只在于投掷点数的一刹那，所以晋代以后就不再流行而失传了。

甲骨文“化”字与杂戏表演的关联

汉代产业兴盛，人们有闲暇从事各种娱乐活动和文学创作，在墓葬的画像石中留下了当时丰富多彩的表演，诸如弄壶、飞剑、跳丸、冲狭、马戏、戏车、寻撞、履索、幻术、杂技、俳优、投壶等项目。从一些具体的描写文字，如张衡的《西京赋》，就描写了汉代乐舞杂技表演的情形，不但有歌舞、说白、化妆，也有钟、鼓、锣、笙、筝、笛、琴、瑟等各种乐器，以及人数不等的表演队伍，规模相当庞大。

图1-15中的这件陶俑涂了一层白衣，应该有彩绘，可惜已经褪落，看不出色彩的样子。这件陶俑塑造了三个人表演倒立的形象，用于反映死者生前享受到的娱乐节目，并打算要带去来世继续享受。杂

惊险刺激的表演 杂耍倒立

图1-15

白衣彩绘三人倒立杂技陶俑，高24厘米，河南洛阳出土，洛阳市文物考古研究院藏。东汉，公元25～公元220年

技属于百戏之一，表演偏重在力、巧和危险动作的配合。这三个人以不同的姿势倒立在一个圆形的围栏之上，这个圆形的围栏应是一口井。井提供饮水给居民使用，是人们能经营定居生活的一个重要设施，在人口繁多的城市，更是人们聚会的地点。想要吸引观众，水井所在之处是个理想的地方，应当也是杂技团会选择的表演场所。而且，井既深又有水，如果不慎掉落其中，可能就有生命危险。在井上表演危险的动作无疑有更加紧张、刺激的效果。汉代户外表演的场地有时非常宽广，河南新野出土的一件画像砖描绘了一些人在两辆前后急驰的马车上表演倒吊、走绳索、接射箭等技巧，没有宽广的空间可没办法让马车奔驰。

翻身倒立是杂技团非常受欢迎的表演，甲骨文的“化”字：，作一人正立与一人倒立的形状。化的含义是变化、变幻。《列子·周穆王》中的“化人”，叙述种种变幻之技术，就是今日的魔术。在汉代魔术经常与杂技同团演出，以求演出不单调。甲骨文的化字除了是表达翻跟斗的体操活动之外，实在找不出与字形、字义有关的其他事物。倒立是体能训练变化出来的花巧动作，奥运会的“体操”项目就是着重这一类技巧的竞赛。某些社会的早期宗教舞蹈，也常表演带有魔术意味的翻跟斗，也可能是此种娱乐的源流，倒不一定是衍自于军事训练。从甲骨文的化字，似乎还可以推测，商代已有以娱乐他人为职业的专业杂技演员了。

民众对于马戏杂耍的喜好，应该是持续不衰的，清末民初北京天桥的练把式很有名。杂技俑在汉代的墓葬也是常见的，但是以后的时代就不见了。汉代的人向往神仙快乐的生活，所以要把满足口欲的生活用具、愉悦身心的琴棋、杂技都带到天上去。汉代以后神仙思想淡化，所注重的是表现俗世威仪的仆佣及仪仗，所以多见骑吹、军阵的出土，娱乐感官的项目可以略而不论，就少见鸡鸭、炉灶以及百戏的表演了。

化 huà ＝ 化

作一人正立与一人倒立的形状。

四川富庶及注重艺术的证明

图1-16中的这件陶俑不能只当作一般的随葬品来看，而应该看作是一件精心塑造、独一无二的艺术瑰宝。它的尺寸也不是一般的汉代陶俑可比拟的，其高大的尺寸更增加了其动人的气魄。虽然上面所涂绘的色彩已经剥落，但一点也减弱不了其风趣、诙谐的价值。

这个说唱俑的头上戴了一个小帽，还系绑了头巾，打了一个结。上身袒露，显露松弛下垂的腹部。左手抱着小鼓，上臂还戴了一副串珠一类的东西，如果原先的色彩还保留着的话，一定与手的颜色很不同，增加表演的色彩效果。右手拿着鼓槌，做出即将打击的样子。下身穿劳动者的长裤，左腿曲膝而坐，右腿则抬起来前伸，显露没有穿

夸张逗趣的表情
说唱俑

图1-16
击鼓说唱灰陶俑，高56厘米，四川新都出土，成都市新都区杨升庵博物馆藏。东汉，公元25～公元220年

鞋的脚底，看来他是在室内表演，否则大半会穿鞋子。一看说唱俑的脸孔，额上竟有好几条深刻的弯曲皱纹，可以判断他长期为谋生活而奔波，让岁月在脸上刻下了饱经风霜的烙印。他张口露齿吐舌，眉开眼笑，看似神采飞扬、自得其乐的样子，可能在心中满是辛酸，否则就不会有那么多的皱纹了。

塑造这尊陶俑的艺术家，捕捉了说唱者说到得意处的那种神采奕奕的刹那神情，并以夸张、诙谐的手法表现出来；高耸的肩膀，突出的脸部表情，松弛下垂而无力的腹部再配上一个圆滚滚的凸出的肚子，这是把眼前的景象，通过艺术家的巧思加以夸张并且诙谐、幽默化了，让人一见到就永难忘怀其滑稽的形象。如果是完全写实的，恐怕就没有那么好的效果，不到半日就让人没了印象。笔者现在还能回想起当时站在这个塑像之前莞尔微笑的感觉。

除了这件以外，四川还出土了一件汉代击鼓俳优俑（见图1-17），其诙谐的表情比这一件更为夸张，同样是上身袒露，腹部松弛下垂，抱小鼓的左手臂也戴了一副串珠；同样是满脸的皱纹风霜，他眼睛歪斜、嘴巴歪扭、吐舌头的诙谐样子更让人不禁开怀大笑。这两件很可能都是同一人所塑造的作品，才会有如此类似的身材与表现手法。说不定模特儿也是同一个人。

比起唐代的陶俑，汉代陶俑的制作一般要简陋得多，大都采用略具形象的鼻目，而不在意容貌神情的细节刻画。不过在四川却出土了这两件逼真传神的人物俑，不但衣服褶皱明显，连眼角的皱纹也都表现出来了。四川虽偏处中国的一隅，到了汉代已经是一个物阜民丰的富庶地方，而且艺术的风气应该也很浓厚。有名的爱情故事中，卓文君在暗中听了作为客人的司马相如在宴席中表演琴艺，感动得黑夜奔来委身相许。文君的父亲卓王孙的家道非常殷富，有家仆八百人。这个故事可以印证四川的富庶与普遍喜好艺术的风气。可证明此点的常见四川文物还有一种，即构图新颖的描写当地生活的大型画像砖。如鱼池旁的弋射、农田上的收获、宴席前的乐舞百戏、盐场运盐等，其图案都可以当作艺术水平高超的版画看待，蜀地如果没有良好的艺术市场，恐怕也很难产生这些高水平的艺术商品。

图1-17

击鼓俳优俑，高66.5厘米，四川成都郫都区出土，四川博物院藏

图1-18

白衣灰陶娱乐俑，
最高21.2厘米。
东汉，公元1世纪
中期至2世纪

图1-19

彩绘乐舞杂技陶俑，长67厘米，宽47.5
厘米，中国国家博物馆藏。西汉，公元
前206～公元25年

图1-20

抚琴陶俑，高36厘米。东汉，贵州省博物馆藏。公元25～公元220年

画像石中隐藏的秘密

画像石在汉代较为常见，尤其是在东汉。所谓画像，是指墓室石壁上的装饰图案，偶尔在地面上的石阙建筑中也能见到。图案的内容大致可分为四类：一是表现个人的财富与地位，诸如宅院、农田、牧场、作坊、仓廪、庖厨、宴饮、乐舞、百戏、讲学、车马出行等，这是用来代表墓主人生前的知识水平，以及拥有的财富和荣耀，以便带去来生使用；二是具星象、鬼神、祥瑞意涵的事物，代表汉代普遍所期望的长生不死的神仙信仰；三是历史故事，纯粹只是起装饰的作用，与墓主人的生活与成仙的期望并没有关联，可能是想表达出墓主人的文化素养；四是单纯的装饰图案。

图1-21所示的这块画像石，图案总共分成三格三个故事。最上一幅画着两位戴武士冠的武士，左边那位的双手握着一条头尾上卷，似乎在挣扎、想要脱逃的蛇。右边那位武士则身穿宽袖交领的短袍，并

图1-21
汉画像石，长103厘米，宽48～55厘米，厚18厘米，山东嘉祥县文管所藏。东汉，公元26～公元220年

摊开双手，但看不出来他实际上是在做什么，这幅图有可能是想表现一个人有勇气，而另一个人却很胆怯的样子。中间一幅的故事发生在一座四坡斜檐的高级建筑物内，建筑物的屋顶上有一只凤凰及一个人。屋顶有凤凰在汉代美术表现中很常见，大概是指有德者才能招致凤凰来仪，因此推测是位高权重者才能使用的图像。屋檐下也站立一人，面向右，头顶上方有“吴王”的题字，吴王前后各有一人，似乎正在向吴王提出建议。大致是表现出吴王在听过建议后，做了明智的

决定，但到底所指何事，目前并不清楚。最下的一幅则是一位头戴皇字形冠冕的少年，左侧题为“太子”。右方有一人为太子打伞盖，这是登基的仪式。左边有二人在观礼。下方并列有两张床，床上各有一人。左边一人的头上戴着圆尖顶帽，穿交领上衣，正面跪坐，似是整个仪式的主持者。从这些图像判断，这块画像石叙述的故事应该是周武王死后，周公摄政辅佐成王，武庚和管叔等人不服管治群起作乱，结果被周公诛杀并归政于成王的历史。

画像石之制作是先用线条勾勒出图像的轮廓，或是以线刻画出轮廓，这是比较早期的做法；之后发展出浮雕的形式，雕琢掉图像以外的部分，并用阴线表现细节，这种方式是当时的主流。除此之外，也有配合彩绘的画像石。

画像石大致兴起于西汉宣帝、元帝时期，从山东、江苏、安徽北部，以及相邻的河北、山西交界开始，逐渐往西推广至四川、云南地区。至东汉末期，又很快从各地消失。

画像石的制作有两个必要条件，一是容易取得石材，二是因为制作费工，因此需要较为宽裕的经济条件。洛阳地区在西汉早期出现一种单棺的空心砖墓。空心砖室一般略大于木棺，长二到三米，宽一米左右，具有木椁的作用。这种墓室陪葬了仿铜礼器，墓主人的身份显然比陪葬少的单棺土洞墓高，看来是由前代长方形竖穴木椁墓衍生而来。可能是因为木材短缺，因此兴起这样的设置，其后使用渐多。到了西汉中期，又兴起夫妇合葬形式的双棺空心砖墓。起先的空心砖墓都是平顶的，此时也开始制作尖顶家屋的样式；大约在汉宣帝前后时期，开始使用小条砖砌构坟墓，不久就修建出有前、后、耳室的多隔间砖墓，到此时，砖墓与地上的住家建筑已经没有太大差别。从此墓葬就极少使用传统的棺椁了。

汉代盛行厚葬，多墓室设计的结构向东推广到山东一带时，有了新的变化。此地区多山，石材开采比较容易；加上战国以来作为最重要经济产业的盐、铁、丝业，在此地区相当发达，造就富庶者众，豪族互相攀比豪奢的程度。例如以石材修建墓室，当然也花费心思在石上雕琢花纹，以达到装饰的效果。这种奢侈的行为，反向往西传播，先是河南、湖北，再传到陕西、山西，最终抵达四川、云南。不久，东汉末年黄巾之乱，使整个北方经济遭受极大的打击，财力既然短绌，非必要的丧葬费用自然也要加以节省，更何况魏文帝又下令薄葬，所以这种特有的艺术形式就迅速衰落了。

图1-22

黑龙纹空心瓦砖，长100厘米，宽38厘米，厚16.5厘米，秦一号宫殿出土，公元前221～公元前207年

图1-23

压印狩猎纹三角形空心灰陶墓砖，长167厘米，西汉，公元前206～公元25年

图1-24

雕塑羊头压印园圃纹屋檐形灰陶墓砖，高60.5厘米，西汉，公元前206～公元25年。常摆在两件三角形墓砖之间作为中心柱

图1-25

彩绘画像石，东方天神勾芒纹，陕西神木大保当汉代墓葬出土，东汉，公元1～3世纪。作用与空心瓦砖同

建造高楼的意义，与甲骨文“楼”字的构成

图1-26所示这座塔楼有三个敞开的门，表示至少有三层楼。如果从门户的高度推测，可能每层有门之楼上又有一层只开透雕窗户的楼房，如果以人物的高度来估计，更可能有今日的十层楼高。这座塔楼有壕沟保护着。壕沟中有鱼与龟在游水，有可能表现主人还开辟有池塘，经营人工的养殖业。不但壕沟周围有骑马装甲的武士在巡查，第二与第三层楼上也有持弩机与盾牌的武士在阳台戒备，以确保塔楼里的家人与财物的安全。愈是富裕的人家，愈容易受到强悍的盗贼觊觎，因此愈有钱的人家用于保护安全的武力要愈强大。在古代，有徒众也是一种威权的具体表征。与司马相如私奔的卓文君，她的父亲卓王孙就拥有家仆八百人。可以想象，当主人与宾客们在顶楼远眺延伸的庄园，享受美酒珍食、歌舞弦乐，冥想永恒的来世时，护卫们戒慎

与浮云同高
塔楼建筑

图1-26

铅绿釉红陶塔楼，高120厘米，加拿大皇家安大略博物馆藏。东汉，公元2世纪中期至3世纪早期

戒惧的警戒气氛。

在任何社会，尤其是年代越早的时期，越高的建筑就表示主人的地位越高。要让房子的外观看起来高耸，古代有两种办法：一是建筑在呈阶梯状的土层上，虽然每一土层只建一层楼房，远远看起来就像是多层的楼房；二是如果木构建筑的柱子能承受高楼的压力，也可以在同一土层上建造多层的楼房。这两种形式的多层建筑，商代都有文字表示，一是建筑在杆柱上的两层建筑物：；一是建筑在夯打结实的地基上的两层建筑物：。这两个字一定已被其他的形声字所取代。可能前一字是“楼”，后一字是“台”。已发掘的商代遗址，从柱础排列的痕迹也可以看出当时有建造二层楼房的证据。

高楼不但可以防湿防水，它居高临下，也便于侦察、防范敌人，而且远远就可以望见，能提高统治者的威势。所以商代开始就有在高台上盖楼以资纪念及炫耀的风气。东周到汉代的君主迷信神仙的存在，为了能更接近天上的神仙，楼台就越盖越高，《史记・封禅书》记载汉武帝为了亲近神仙而大建高楼，其中甘泉宫的延寿观高达30丈，建章宫的凤阙高达20余丈，神明台、井干楼高达50丈。汉代1丈约合今日的2.3米，50丈的高度就超过100米了。所以高楼在汉代还具有求神仙给予长寿的意义。但木构建筑不可能承受如此多层高楼的压力，故只能建筑在呈阶梯状的土层上。

汉代的建筑，现今除了少数的石阙和祠堂以外，已不复留存，但墓葬中的这些塔楼俑，让我们见证了当时辉煌的建筑成就，以及延

图1-27
绿釉陶楼，高114厘米，山东高唐出土。东汉，公元1~3世纪

续不断的中国特有的建筑艺术。图1-26中这个塔楼的每一层楼都有斗拱的设施以承担厚重的四坡重檐屋顶。每一层楼也都有大片的采光透雕窗户及雕琢的梁柱。屋檐覆盖着上釉的陶瓦片和上挑的脊角装饰。此楼就好像是对东汉古诗十九首之一“西北有高楼，上与浮云齐。交疏结绮窗，阿阁三重阶。上有弦歌声，音响一何悲。”中的场地的注释。

图1-28

红陶城堡房屋四面，高28.2厘米，宽39.5厘米，底41.3厘米，广州出土，中国国家博物馆藏。汉，公元前221~公元220年。东汉时形制大致相似，墙面有漏孔的装饰，反映南方建筑特色

楼 lóu = 樓

建筑在杆柱上的两层建筑物，可能是『楼』。

台 tái = 台

在夯打结实的地基上建造的两层建筑物，可能是『台』。

来源于财产私有制的陪葬习俗

图1-30中这一件铅绿釉四足方形钱柜是模印以后再黏合成形的，外壁装饰了很多个当时的五铢钱以明示其用途，上面还设有可以开合的小盖子。这是人人都可随葬的物品：钱柜。

图1-30中这个钱柜的外表涂满着铅绿釉。铅釉指以铅的化合物为助熔剂的釉彩，是一种在700摄氏度就开始熔化的低温釉。在氧化焰中以铁为着色剂就呈色为黄褐色或棕红色，以铜为着色剂则呈色为美丽

图1-29

各式随葬铅绿釉红陶日用模型俑：分别为灶炉、碓磨、猪圈。最高16.5厘米，加拿大皇家安大略博物馆藏。东汉，公元1世纪晚期至3世纪

带到神灵世界使用钱柜

图1-30
铅绿釉陶钱柜模型，高18.9厘米，加拿大皇家安大略博物馆藏。东汉，约公元100~公元220年

的翠绿色。到了汉宣帝时期，铅釉的应用技术有了明显的进步，此后墓中出现较多的铅绿釉明器。铅绿釉陶器的釉层均匀，色彩鲜明，触之平滑，令人喜爱而多作为日用生活的器具，但是却很少见到实用器的出土。可能因为铅釉陶是以低温烧成，陶质脆弱，不堪碰撞，更可能是人们知道釉彩中的铅对人体有不良的影响，不适宜作为食用的器具，所以专门用以烧造随葬品。铅绿釉长期处于潮湿的环境时，会因为化学变化而产生一层银白色的光泽外衣，深得收藏者的喜爱。

图1-31

陶仓，分别高43、44厘米，河南洛阳出土。西汉，公元前3至公元1世纪。有“大豆万石”“大麦万石”等铭文，作为明器使用

图1-32

灰陶猴俑，高14.1厘米，陕西省西安市文物局藏。西汉，公元前206~公元25年

图1-33
石田塘，长81厘米，宽48厘米，高11厘米。东汉，公元1～3世纪

图1-34
绿釉瓦陶桃都树俑，高63厘米，河南博物院藏。西汉，公元前206～公元25年。据古代文献，桃都山上有大树，名曰桃都，枝相去三千里，上有一天鸡，日初出，光彩照木，天鸡则鸣，群鸡皆随之鸣

图1-35
陶船，高16厘米，长54厘米，广州出土。东汉，公元1～3世纪。前有碇，后有舵，船上6人，依人身高比例换算，船长可达14～15米，载重约500斛以上，甲板布置6组矛与盾

古代最安稳的代步工具：牛车

图1-36中这一件俑在长方形的底板上塑造一只牛、两个驭夫和一部有篷的车子模型，是非常罕见的文物。牛的躯体非常粗壮，两只尖角上翘，牛头上套着羁勒，颈前系个小铃，垂胡延长至腹下，背微驼，上面架着双辕套轭，宽厚的身上堆砌套车的皮带装饰。除了四只脚显得太过粗短以外，整体细致逼真，应该是北方的牛种。北朝的墓葬常见到类似的牛俑，如图1-37。从驭夫头发的样式，可以推断左边的是异族而右边的是华夏族。驭夫需要用到不同民族的人，可能是因为北方多民族杂居地区的生活需要。

和其他北朝的车俑相比，这一部车显得格外豪华。车轮的22根辐辏，膨大的轴端，让人感觉到它的坚实。如果没有如此粗壮的轮轴，

格外豪华的座驾
褐釉红陶牛车

图1-36
褐釉红陶牛车俑，高39.5厘米，长45.8厘米，加拿大皇家安大略博物馆藏。北朝至隋，约公元6世纪中期至7世纪早期

可能难以承受高大的舆座和前后伸展出来像是瓦盖的篷子。车舆前端有活动的部件，可作为主人上下车时的踏板，及行车时驭夫的坐椅。车后也用泥土捏塑了可以防止灰尘进入舆内的、长而有穗状缘饰的挂帘。车两旁上下各有插座以及插孔，说明它们是用来支撑木棍，可能是支持复式的丝质穹顶伞盖用的。这样看来，瓦盖形的篷子应是可以卸下的，所以需要篷子的两侧各有九颗大钉子加以固定。冬天或下雨

的时候使用篷子，夏天就用丝伞，考虑得非常周到。

缓慢牛车的使用应该早于快速的马车。有文献记载4000年前夏禹以马替代牛来拉车，这符合马被家养的时间比牛晚的考据。可是商代发掘的车子都是两马拉曳的。商代马车的舆座很小，重心高，容易造成翻车事故，不适宜快速奔驰，不是理想的交通工具。但贵族高高乘

图1-37

陶牛，高34.5厘米，长36厘米，太原娄睿墓出土。北齐，公元386~公元534年

图1-38
白衣、加彩或上釉的瓦陶牛车俑。最高39.5厘米。西晋至唐，公元3世纪中期至7世纪中期

坐在上头方便指挥，是身份的象征，所以以之随葬。牛车只是载重的工具，当时也还没有发展到普遍以牛车代步。从文献的描述，东周时代贵族平日就常以马车代步；两汉墓葬画像石的图案，马车形象也非常普遍。对于一般人而言，颠簸的马车不舒服也不安全。除了马的供应不充足外，统治阶级也愈来愈疏于军事训练，所以根据《晋书·舆服志》的记载，到了东汉晚期牛车就变成自天子至士庶的常用交通工具，墓葬也开始能见到牛车。北朝的墓葬和壁画，牛车作为墓主人的

坐乘，常被安置在一大群骑马的护卫之中。到了唐代，可能因为社会尚武，连贵族妇女也骑马，墓葬里就见不到牛车的形象了。

学者发现这个牛车模型的制作年代难于断定，因为没有类似的出土物可供比较。如果从文物的现象来观察，汉代的陶俑人物以略具形象为特点，不会像这件牛的耳、角、眼、鼻、口都塑造得真实而细致，所以从汉代到唐代这一段盛行陶俑的期间，它更可能是属于后段的风格。驼背粗壮的牛是北朝墓葬里常见的，尤其是背上套着皮带和圆瘤状装饰更是此一时期的特色。可是北朝的陶俑只有彩绘，几乎不见上釉彩的例子。如果定年代为唐代，那时候贵族已不以牛车为时尚，早期上釉的俑也都是黄釉而非褐釉，三彩则要稍晚时才有，所以也不合适。北朝陶俑虽然习惯不上釉，但是酱褐色的釉彩却是北方学习南方青瓷的结果。这个车子的造型非常别致，不是普通人家所定制，使用昂贵的釉料制作也并非不可能，现只能暂定为6世纪中期至7世纪早期，确切的日期要等待来日的考古来证实了。

什么时候才出现大量制作陶俑的技术

早期的文物常常因为私下盗掘而失掉了出土的信息，以致难于有效断定文物的年代。科学的发掘，就可以通过各种信息的交互比对，从而有效地对文物进行正确的断代。图1-39至图1-41中的这三件站在山石上的武士俑，形态虽然有少许的差异，通过比较，可以推定应该都是由同一套模子、同一个作坊所制造出来的。

图1-39保存的状况最为理想，黄色釉上彩绘的颜料，基本上都没有脱落，还鲜艳如新。此武士身材壮硕，面庞修长，五官清秀，双眉微颦，两眼圆瞪，嘴上有两道上翘的胡子，红唇下蓄短髭，头戴着一件碗形的兜鍪，上有半球形的护顶而两侧有下垂的护耳。身穿及地的长袍，外面罩以短袍，再加以束绳的盔甲。保护上半身的盔甲用宽皮带紧紧套住肩上的带扣。护胸的甲片下延至小腹，背甲则塞在保护肾脏的缀

甲之下。盔甲被交叉捆缚的绳子固定位置。颈部在护耳之下似以金属物保护，两肩披虎头护肩。虎头双目圆瞪，张口露齿，状甚凶猛。长袍中的双腿套有缀甲的护腿和长裤，脚穿皮鞋。武士双脚一前一后，呈丁字形站立。两手都握拳，手中有一孔洞，但所持拿的东西已经腐烂，从两臂的姿势看，应该是左手按着盾牌，右手持拿枪矛一类的长兵器。威风凛凛，令人不敢轻易侵犯，在墓道的斜坡上守卫着墓室的安全。

这件武士俑的衣袍及盔甲装饰着十数种图案，分别代表纺织、刺绣、图绘、编缀等种种不同的材料和装饰手法。描画的仔细，制作的谨慎，都令人叹服。譬如在蓝色的大片胸甲下面，可以看到一片片相互交叠的彩绘菱形缀甲。不同层次的花边和刺绣也都一丝不苟地以不同颜色彩绘。衣与甲的边缘还贴金箔，当是反映实际的形象。

图1-39这件陶俑不但细致、如实地展示了唐代武士的衣装和甲胄形制，最重要的是它们制作的具体年代也可以确定。同时存世的至少还有两件是由同一套模子翻造的，即图1-40和图1-41，不过它们彩绘的保存情况稍为差些。图1-41这件，1923年入藏加拿大皇家安大略博物馆，除墨线外，所有的彩绘几乎褪脱殆尽。图1-39与图1-40所示陶俑都出土于陕西礼泉，图1-39这件出自郑仁泰的墓葬，图1-40这件出自张士贵的墓葬，两人都是唐太宗李世民的将军，看来他们埋葬在同一个地区不是没有原因的。郑仁泰是唐太宗还当秦王时的亲兵头目，葬于麟德元年（公元664年）。这些陶俑为研究唐朝初期的衣制提供了

大量翻造
武士陶俑

图1-39
釉上贴金彩绘白陶武士俑，高71.5厘米，郑仁泰墓出土，陕西历史博物馆藏。唐，麟德元年（公元664年）

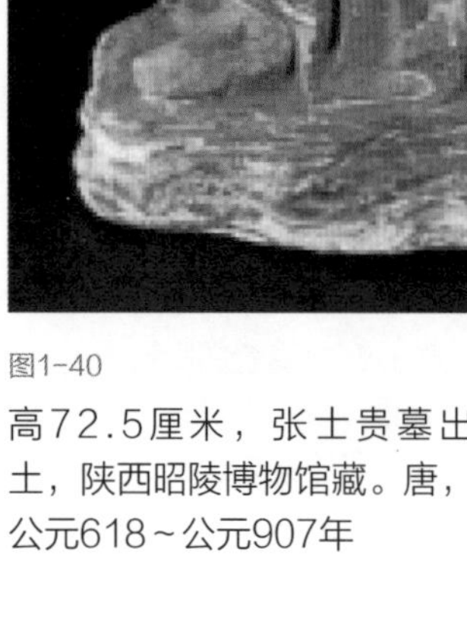

图1-40

高72.5厘米，张士贵墓出土，陕西昭陵博物馆藏。唐，公元618～公元907年

图1-41

高72.5厘米，加拿大皇家安大略博物馆藏。唐，公元618～907年

图1-42
彩绘贴金瓦陶文官俑，高68.5厘米，郑仁泰墓出土。唐，公元618～公元907年。陕西昭陵博物馆藏

可靠的实物材料，足以当作重要的断代标准器。

这三件陶俑虽然翻自同一组模子，但衣着纹饰、须眉的细节略有不同，形态上也有少许的变化。如第三件图1-41的兜鍪，下缘多出了好几个圆球状物，胸甲上的左右护心镜各加一个铃，双肩的虎头也加有铃，盔甲下部的绑绳形式也不同。比较以上三件陶俑的制作，可以知道当时虽然以压模的方式大量翻造陶俑，但每一件的彩绘和粘贴的附加物都有些许差异，以满足有所差别的个别需求。

图1-43

三彩釉白色陶外国骑士俑，高43厘米。唐，公元8世纪早期。在洛阳龙门一个于公元709年埋葬的安菩夫妇墓葬，发掘到一件与此件几乎在尺寸、颜色、风格上一模一样的陶俑。这件也传言是得自洛阳

图1-44

胡人陶俑，高26.2厘米，隋，公元581～公元618年。河南博物院藏

图1-45

携鹰犬的骑马猎者俑，最高33厘米。唐，公元8世纪早期

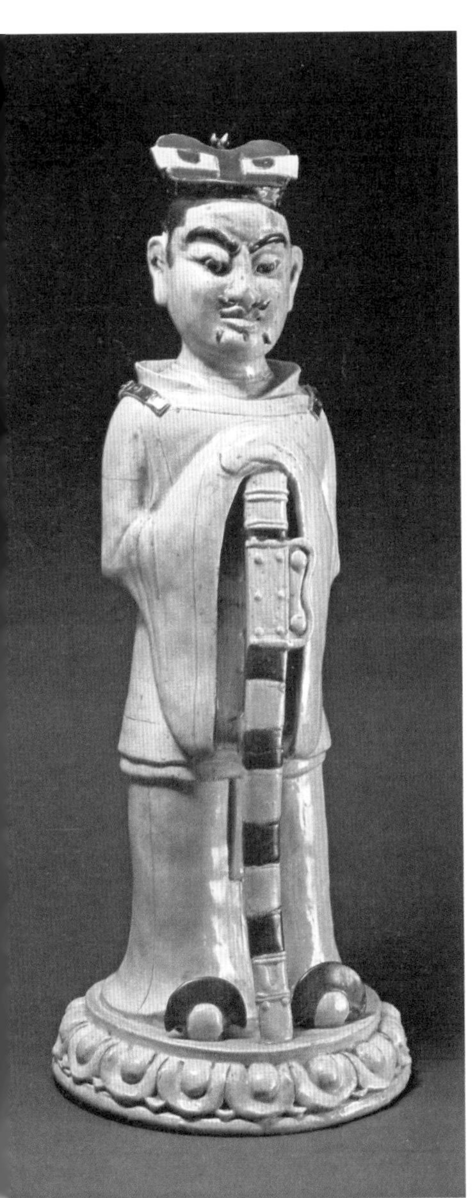

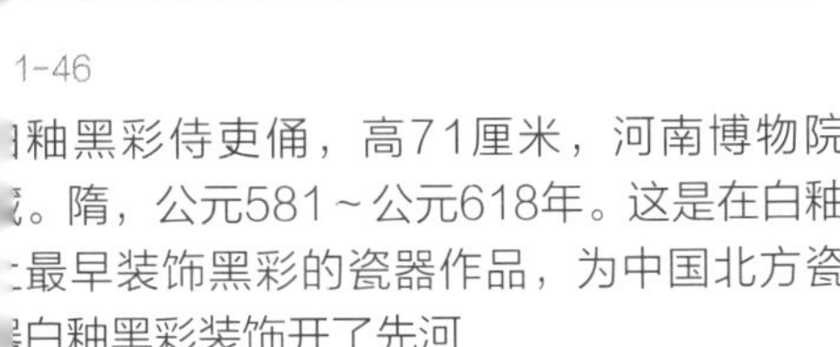

1-46

釉黑彩侍吏俑，高71厘米，河南博物院藏。隋，公元581～公元618年。这是在白釉上最早装饰黑彩的瓷器作品，为中国北方瓷器白釉黑彩装饰开了先河

图1-47

天王俑，三彩釉白陶，高104.5厘米。唐，公元8世纪早期

图1-48

三彩镇墓兽，高130.2厘米，甘肃省博物馆藏。唐，公元618～公元907年

风靡上流社会的马球游戏

图1-49中的这件陶俑很真实地捕捉了一位女士骑在马上玩马球的瞬间动态。马的四蹄跳跃起来，前两脚极度前伸，后两脚则大力往后蹬，首与颈则稍倾向左边，微微张口吸气，即将左转弯的样子。而马上的人，从所扎头巾显现的两股高尖的形式，可以推断她是一位妇女，梳的可能是惊鹄髻，那是将头发拢至头顶，编梳成左右两股，好像是鸟受惊吓，扬起两翼而欲飞离的样子。这是在贵族社交圈中流行的发型，其形象见于陕西乾县永泰公主墓的石椁线刻。此女面容姣好，丰腴而不胖，身穿圆领窄长袖的长袍，下身穿长裤，脚穿皮鞋。身躯向右略微倾斜，两眼下视，右手握拳举起，似要下击之状，握拳中有一孔，应是已腐烂掉的球棍。左手弯曲下垂在马的左旁，似乎在控制缰绳要让

玉鞍初跨柳腰柔
马球女骑俑

图1-49
三彩铅釉瓦陶马球女骑俑，长34.2厘米，加拿大皇家安大略博物馆藏。唐，约公元695~公元715年

马匹左转的样子。从马与人的姿势看，应是打马球的动作。

这件陶器除了胎色的透明白色以外，釉彩还显现有绿与褐两色，这是以铅的氧化物作为助熔剂的铅釉三彩陶的特征。人与马的塑造都非常真实而优美，色调的搭配也相当自然而有活力，烧造时釉彩的流动也控制得恰到好处。不要说玩马球的陶俑已非常罕见，就只看整个塑像造型的明朗、釉彩的完美，就足以列入最佳陶塑之行列。三彩陶俑的烧造始于唐高宗时，开元年间最盛，安禄山之乱以后几乎就见不到了。这件精品最可能是极盛时期的作品。

马在中国是权贵的宠物，因价格昂贵、训练不易，乘坐马车已不容易，更不用说骑在马背上。所以东汉晚期以来，贵族们已以牛车代步。骑马奔跑是相当惊险、激烈的运动。马球需要在马上弯腰持棍打球进门洞，强健的体格、优良的骑术、敏捷的身手、灵活的脑筋，都是玩马球的必要条件，不是一般男性所能具有的素质。这位女性竟能从容参与，一定经过相当的努力，令人由衷佩服。五代时蜀国花蕊夫人的诗有如下的句子："自教宫娥学打球，玉鞍初跨柳腰柔。上棚知是官家认，遍遍长赢第一筹。"正好可以借来形容这位女性。

中国的马不骏逸，骑马术也是和游牧民族接触以后才兴起的，所以马球肯定是外来的运动项目。至于它传到中国的时间，公元3世纪曹植所写的《名都篇》中有"连骑击鞠"，有人认为"很多骑马者在打球"就是在玩马球。不过较具体的描述要等到唐代才有。马球发源于今日为伊朗的波斯，应该经陆路传进来，但具体的路线已难考究。

唐代马球比赛的球门分单门与双门两种形式。单门的比赛比较简单，以各队打进球门的数量多寡分胜负。双门则较需要技巧，共同追逐一个球，以攻进对方球门为胜利。《封氏闻见记》记载了唐中宗命令儿子临淄王、嗣虢王，驸马杨慎交以及武延秀四人与吐蕃使臣十个人比赛而得胜的故事，可见当时的高级贵族如何普遍喜爱和精于这种游戏。

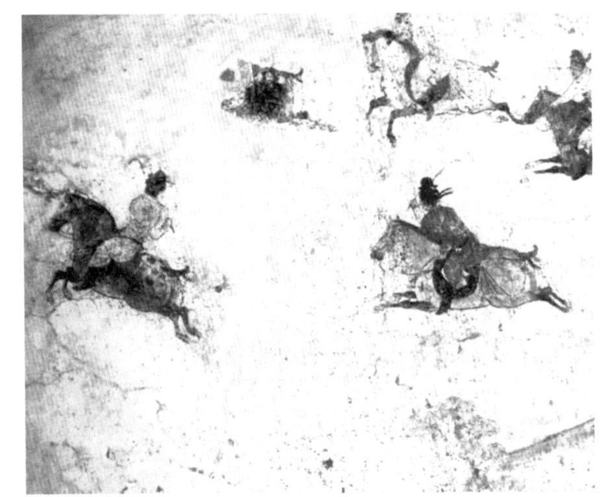

图1-50

唐章怀太子墓马球图壁画部分，完整画面高229厘米，宽688厘米，约景云二年（公元711年）

图1-51

马球群俑，通高30～33.5厘米，陕西西安出土。墓主人死于如意元年（公元692年），时年才16岁

甲骨文的“安”，隐藏着对女性的限制？

图1-52所示这件妇女骑马俑，马的全身涂黄釉加上彩绘，而妇女却只有涂白衣加彩绘，这是因为脸部如果施釉彩，将太过光亮而失去真实感。这匹马四足直立在一块矩形板上，如此才能安稳地放置在地板上。马俯首而立，看起来受过良好的训练，非常驯服，要等待主人坐稳了，下了前进的命令以后才会有所行动。马的鬃毛、四蹄、口唇部分都涂上红彩，臀部则画点点红斑。鞍头涂黑色，鞍下的毯子黑、红颜色的图案和花边也都画出来了，马头、胸上、背上也画上黑色羁络。马上的妇女面目清秀，有大眼睛、浓眉毛、挺直的鼻子、朱色的小嘴唇，头戴黑色宽边帷帽，帽子系有宽丝巾，交互捆缚于颔下，并

女性的解放

外出活动的妇女

图1-52

彩绘釉陶妇女骑俑，高37.3厘米，长26厘米，陕西礼泉郑仁泰墓出土，陕西历史博物馆藏。唐，约公元664年

围绕着脖子。身穿白色窄长袖短衫，外罩宽花边短襦，下身着白色长裙，裙下露出黑色的皮鞋。右手下垂，左手则前倾微举而握拳，看来像是握着辔绳的样子。这位妇女神态安详自若，很有教养的样子，如果不是贵妇人，也一定是生活在富贵环境里的人。

马是户外活动的用具，这位妇女的面孔不遮盖，表示贵族妇女可以外出活动，而且不在乎她的身份被知晓。唐代的陶俑出现很多类似这位妇女骑马的形象，有些连帽子也不戴（见图1-53），有些穿着男子的服式，比赛马球。当时有一位寒山和尚，写诗描写妇女的形象："逢见一群女，端正容貌美。头戴蜀样花，燕脂涂粉腻。金钏镂银朵，罗衣绯红紫。朱颜类神仙，香带氛氲气。"这说明妇女可以成群结队大方地参加庙会、赏花等拥挤的聚会，显示当时社会容许妇女参与公众的活动，她们享有相当的自由及自主性。

汉代的陶俑虽也有妇女的形象，但主要是服侍主人的奴仆，或娱乐宾客的乐伎，她们的活动被限定在室内。就算有时候也可以到户外，但那是由于地位低，不用考虑名节，所以可以不计较。一般良家妇女就不容许了，所以也就看不到她们从事户外活动的形象。

中国自进入父系社会以后，妇女的地位不但愈益低下，行动也被限定在室内。从《礼记·内则》所叙述汉代的教育内容就可以看出端倪。男孩子八岁就可以出入门户，十岁寄宿于外学习读书识字。但是女孩子十岁就不能出门，在家学习烧饭纺织，侍奉长辈；出嫁后也一样要守在家里。甲骨文的"安"字：，作一位女性在家中安坐的样

图1-53
彩绘瓦陶女侍骑俑，最高27.7厘米。唐，约公元725～公元750年

图1-54
彩绘帷帽女骑陶俑，高45厘米。唐，公元618～公元905年

子。意思是女性在家中才安全，外出就容易遭受侵犯。而冗字：，是一个男性在家中的样子，意思却是有空闲。因为男人需要在屋外工作，回到家里就是要休息了。至于为什么汉代以后妇女的行动较不受拘束，应该与外族统治有关。游牧民族逐水草而居，妇女无可避免地需要旅行，暴露形象的机会多，限制也自然比较少。

图1-55

三彩釉白陶妇女俑，最高42.8厘米。唐，公元8世纪早期

图1-56

三彩釉陶妇女俑，高44.5厘米。唐，公元618～公元907年。陕西历史博物馆藏

图1-57

上釉的白色与乳黄色陶女乐师与舞师俑，最高26.1厘米。唐，公元7世纪后期

图1-58

彩绘帷帽女陶俑，高45厘米。唐，公元618～905年

安
ān
=
安

一位女性在家中安坐的样子。

大有来头的御赐宝马

图1-59中的这件三彩釉陶马俑精神奕奕，张口而安详地站立在一块窄小的方板上。整只马的体形非常匀称，看起来健壮而善跑。马鬃被修整成窄长平脊，而在左边的马颈上还留下一撮三角形未剪，以便骑马的人拉援之以上马。尾巴也修剪打结成为上翘的形状。马鞍披着皱巴巴的绿毛毯，满脸胡须的马夫双手做出控驭马的样子在旁边照料着，等待主人上马。骑这匹马的人一定具有相当高的地位。

这组马与马夫俑的尺寸高大，在同类中数一数二，一定出自大有来头的墓葬。唐代有机构专门负责官员随葬陶俑的数量与品类，不是有钱就可随意购置的。尤其是这匹马的左胸上刻勒着“飞风”两个飞舞的字（见图1-60）。根据《旧唐书·职官志》记载，飞风、三花是御厩里头由外牧所进贡的良马标志。没有得到皇帝的恩赏，是不许拥有的。唐代的马俑出土无数，但是有刻铭的只这一件。很可能是墓主人立了大功劳，皇帝命令烧造这件有铭的陶马，以象征对他的特别赏赐。欧阳修

特别的赏赐
三彩釉陶马

图1-60

飞风字样

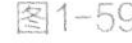

图1-59

三彩釉白陶马与马夫俑，最高75.5厘米，加拿大皇家安大略博物馆藏。唐，公元8世纪早期

编撰《新唐书》时把“飞风”两字写成飞凤，这件陶马可以证明他的笔误。

马的体形高大，感觉器官发达，眼睛大而位置高，视野宽阔，记忆力、判断力都强，方向感也极强，加以力大善于奔跑，是非常有用的军事牲畜。中亚人很早就懂得用马代步，中国虽然在4200年前的夏禹时代也驯服了马，但明确记载骑于马上的事例却迟至春秋时代才有。商代一座一个人与一匹马的随葬坑，出土了马鞭、弓、箭、戈、刀和马的装饰物，不见马车上常见的青铜装饰零件，被认为就是单骑的证据。甲骨文的“奇”字：，很像是一个人骑在一匹马背上的样子，即“骑”字的初形，有人甚至认为商代单骑与骑射已颇为盛行。

马要精选良种并经过长时间的训练才能拉车或骑之快速奔跑。它们相当聪明，能感觉出来乘骑者的心情，尤其是单骑的时候，如果骑者犹疑不决，心存畏惧，马就会受到影响，显得较不服从，或使性子不肯跑动。骑士与马要建立相当的默契，才能发挥最大的效用。不但像图1-59那样要有专属的马夫，贵族们还得时时垂顾，亲自喂食，与马建立感情，才能发挥最大的效果。

中国马的身高比较低矮，只堪拉曳重物，不能快速地奔跑。马一旦成为必要的军备，就不能不设法改良品种。从文献中知道中国很早就向游牧民族索求优良的马种。如西周孝王时西戎来献马，夷王时伐太原之戎而获马千匹等。最著名的是汉武帝于公元前104年，派遣大军向大宛索求种马。前后费了三年的时间和无数的生命与财物，才得到

图1-61
白衣彩绘或上釉瓦陶马俑，最高55.5厘米。北魏至唐，公元6世纪早期（左），公元7世纪（右），8世纪早期（中）

大宛种马。利用西域引进的马匹与中国的马交配，虽然也培育了不少优异的杂种马，但最好的马匹还是得从西域进口。其中最精良的就被选送到京城的御厩，充当贵族们狩猎或打马球的坐骑，或在皇家御宴或节庆的时节作为赏赐臣下的礼物。

图1-63

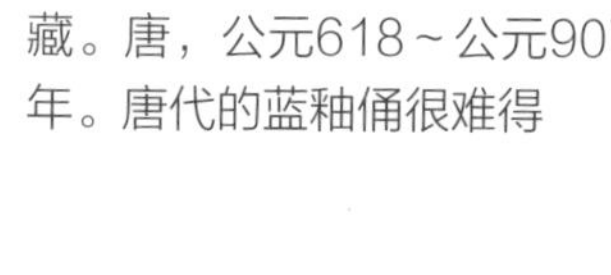

蓝釉陶驴，高23.5厘米，长26.5厘米，中国国家博物馆藏。唐，公元618～公元907年。唐代的蓝釉俑很难得

图1-62

白陶马，高49厘米，长46厘米，陕西省乾陵博物馆藏。唐，公元618～公元907年

奇 qí = 奇

很像是一个人骑在一匹马背上的样子，即『骑』字的雏形。

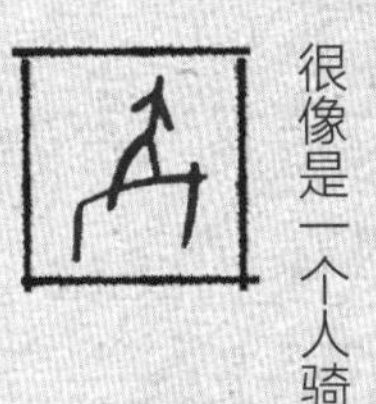

甲骨文中有关居家休闲设计的字

图1-64所示这件器物是一组十二件的建筑群中的一件。整个组件构成一座长方形的两进院落：包括大门、堂房、后房、六厢房，以及两院中之小亭、八角亭、假山等。釉的彩色比起一般的唐三彩更为多样，堂屋呈蓝色，门柱呈朱红色，山峰则为草绿及赭黄色，鸟为蓝绿色，池畔草绿，而亭则为赭色。

这件后院中的假山水池，背景为数座峰峦并立的高山，山峦层层叠嶂，怪石嶙峋，山峰间则青松挺拔。主峰上有一只小鸟，俯视山下，展翅欲飞。两边侧峰则各立一只鸟，相向若对歌一般。山脚下有一池碧水，池底有游鱼数尾。池畔又有两只鸟，一居上一在下，引颈畅饮。好一幅人间休闲的仙境美景。

这组建筑群的三彩陶俑在唐代同类的制作中属于奇特、罕见的。陪葬的陶制明器战国时期就已出现，汉代至唐代才是制造的盛期。汉代大概因为是太平之世，代表阶级的车舆、马骑、武士、塔楼、军卒仪仗等明器的数量不多，主要着力制作满足日常生活所需要的、替代

造景逼真写实 假山水池

图1-64

三彩釉瓦陶假山水池，高18厘米，陕西西安出土。唐，约公元700～公元750年

实用器的模型，如饮食器具及牲畜、炉灶、屋舍、田地、仓库、畜圈、井架、杵臼、奴仆、杂戏、舞姬等。南北朝时期北方社会动乱，武人支配政治。武人好炫武，重视仪仗军容，所以披甲执盾的武士、高冠宽袍的文吏等形象尤为多样。到了唐代，除了延续前期的官员仪仗外，出现了许多表现社会活动的新形象，而且雕塑得非常生动，带有艺术创作的味道。但就是缺少日常生活用具的模型，所以屋舍的模型汉代常见而唐代则罕见。

人类远古时和鸟兽一样，要借用天然的洞穴或大树栖身。这两种方式都不尽合人们的需求，所以当人们制造工具的手段愈来愈高明时，就开始修建自己的住屋以遮蔽风雨、防备野兽。最先只考虑到晚上短暂休息之用，当有办法把住处建得稍大，在里头生活的时间也愈来愈长时，就会规划一块地方用以烧饭。接着就是辟出一处较隐蔽的寝室，使内外有别。更进一步，就规划工作之余的休闲空间，有院落，有舒缓烦闷心情的山水、珍禽等造景。

小篆的“容”字：[篆字]，是屋子里有山谷的样子，当是表达设有山石流水的大型壮观建筑物，非是一般的家居。甲骨文有“雝”（雍）字：[甲骨文字形]，由宫、水、隹三个构件所组合，大致是指辟有水池、养有珍禽的宫苑。又有“囿”字：[甲骨文字形]，作一处规划的范围内植有众多树木花草之状。卜辞有商王占问前往苑囿游赏，以及囿里所种植的黍是否香美，证明商代应该已有了苑囿的修建。只是目前所知这样布局的最早例子是陕西岐山的西周早期宫殿。它是严格对称的华北四合

图1-65

房屋俑全景图

院的前身。大门是两扇门户式的，门前树立一碑以遮挡门外的视线，保持院内的隐蔽。两侧则是守卫的两塾。一进门为中庭，然后是堂。堂后是建有花园的庭院，还从外头引进流水，通过庭院。中庭及堂的两侧是厢房，共有十九房，是住家及炊煮的地方。可以说明当时已开始注意制造庭院内有花草、流水、台榭的幽雅气氛。由此再进一步发展，就有更大的苑囿作为散步、行猎、玩乐的场所。

雝 yōng = 雍

由宫、水、隹三个构件所组合，大致是指辟有水池、养有珍禽的宫苑。

囿 yòu = 囿

作一处规划的范围内植有众多树木花草之状。

容 róng = 容

小篆，屋子里有山谷，当是表达设有山石流水的大型壮观建筑物，非是一般的家居。

精致细腻

釉彩辉煌

贰　漆器与瓷器——精致细腻，釉彩辉煌

在汉朝，漆器比其他器物贵？
模仿稀有海螺造型的高级耳杯
中国何时出现天圆地方及二十八宿的想象
甲骨文『乐』表现的是什么音乐
鼓从什么时候开始被用来激励士气的
瓷器之国的起源
中国陶瓷史上最重要的一页：釉陶的开始
饮酒作乐，同时也要长生求仙
蕴含神道思想的华丽骨灰罐
佛教传入对中国人生死观念的影响

在汉朝，漆器比其他器物贵？

图2-1所示这类内部放有多个各种形状小盒的圆筒形有盖盒，是汉墓葬常见的器物，小盒子里头有时还发现有粉状物、胭脂、粉扑一类妇女化妆用的东西。所以其用途很明显就是化妆盒，人们将其特别取名为奁（lián）。这件奁的盖子几乎与盒身等高，应是为了增强隔绝空气的效果。南方的气候比较湿热，潮湿的空气对化妆品的质量会有影响，所以大面积紧紧扣合，有助于保持里面的空气干燥。

图2-1中这个奁的胎体是木头，用榫卯的技术套合，内外都涂了厚厚的漆层，外层深褐色，里层是朱红色。器身用四圈银板圈住，以

金漆奁

图2-1
银扣彩绘云气描金漆奁，奁高23.8厘米，直径15厘米，安徽天长出土。西汉，约公元前200～公元前100年

增加盒子的强度并兼作装饰的效用，盖子的直壁也同样有四圈银板。盒盖顶面本来不必加固的，但也配合盖身用银片装饰三圈宽带，而在中央镶嵌四出（四片尖瓣）的柿蒂花纹。外面的漆层以红色云气纹彩绘，有些地方还描上金线。奁里的小盒子也是同样的设计，仔细地装饰着银圈与装饰片。漆、银、金在汉代都是贵重的材料，足以看出这是为富贵人家所制作的商品。

在当时漆器是相当贵重的，其制作的每个细节都不能马虎，需要专人负责，没有比漆器需要由更多人来分工制作的。为了表示负责，还经常可见漆器被针刺上工匠的名字，这是其他器物中少见的现象。譬

图2-2
土泥胎漆妆奁及盒，最大径16.2厘米。西汉，约公元前200～公元前100年。上有铜条加固

如一件朝鲜古乐浪郡东汉墓葬出土的漆耳杯就有如此的长铭：

“建武廿八年，蜀郡西工，造乘舆夹纻，量二升二合羹。素工回，髹工吴，漆工文，□（字不明）工建，造工忠，护工卒史旱，长汜，丞庚，掾翕，令史茂主”。

从素工到造工是实际制作的工人，护工卒史到令史是层层的监督官员。其他漆器的铭文还发现有上工、黄涂工、画工、清工、供工等名称。画工是彩绘花纹的人，黄涂工是负责为铜构件鎏金的人。汉代的《盐铁论》有“一屏风就万人之功”，就是形容一件漆器所要经过的人手及耗费的时日之多。

漆可以施用在很多种类的材料之上，只要是固态的东西就可以作为胎骨，木竹、陶石、骨角、皮牙自不用说，连柔软的布麻都可以。举例来说，铭文里“夹纻”这种漆器的制作方式，所使用的纻就是一种纺织材料，其优点就是重量轻。首先，利用别的材料制作器物粗形，之后将布帛敷贴上，再上漆；因为上过漆，布帛变得可竖立固定，之后就可以把粗形拿掉。有些高大中空的塑像就是用这种办法制作的，不但经久耐用，还轻，容易搬动。

漆器最费工的程序就是上漆。漆和其他物质有很不同的性质，空气愈潮湿漆层愈容易凝固，否则就容易受空气冷热变化的影响而膨胀爆裂。每次涂漆还要等两、三天阴干后，才能再上一层。汉代已有建造阴湿的“阴室”以加速漆干燥的过程。有的器物涂漆厚达一二百层，不难想见其所需要的时间，以及相应的高昂制作费用。后来，汉代政府提倡抑制奢侈的行为，特别针对漆器征收高额的税收，别的商品只课10%的税，漆器则要课25%的税，足见其珍贵。

模仿稀有海螺造型的高级耳杯

图2-3中这一套耳杯与盒子的设计颇为精巧，八个杯子套合起来正好可以放进盒子里头，既节省存放的空间，又方便携带。盒子是为装杯子而设计的，多件的耳杯才是这套器物的主体。盒子与耳杯都是木胎，削砍成形之后涂漆以使其美观及耐用。用便宜的木材制作物品无法卖出高价，但是加了漆层之后，因为漆在古代是珍贵的物资，就转而成为漂亮且高价的商品。古代的漆取自漆科植物树干的汁液，经过脱水加工提炼而成，薄薄地涂在器物之上后，等溶剂蒸发了即成为薄膜，具有高度抗热和抗酸力。漆干燥后呈黑色而有光泽，还可以调和其他矿物或植物的染料油，呈现各种或浓或淡的色彩，例如在溶液里加丹朱，就会显现出漂亮的红色。

丹朱涂壁漆万华 羽觞耳杯

图2-3

漆耳杯与盒，长18.5厘米，宽15.7厘米，高10.7厘米，湖南长沙马王堆出土。西汉，约公元前200～公元前100年

图2-4
云纹漆绘木案与杯盘，案长60.2厘米，长沙马王堆出土。西汉早期，约公元前2世纪

漆可以涂在各种材料之上以增加光彩，布帛、金石、骨角、藤竹、皮陶等都可以上漆，但是以木头最为常见，效果最好，所以很多时候如果不提漆器的材料，那基本上就是指木头。丹朱是古代贵重的矿物，鲜艳高雅的红色是古人的最爱，所以漆器以红、黑两色最多，并以红色更为珍贵。这一套耳杯内壁涂红色，在制作上比内外皆为黑漆的套盒讲究。套盒的黑漆之上还点缀少量的红漆装饰，椭圆形状的杯子里则都用黑漆写了“君幸酒”三字，明显是作为酒杯的功用。杯子旁有两个窄长的提手，像人的两耳，所以名之为耳杯，它也像禽鸟

有两只翅膀，所以又名为羽觞。

器用的形制都有其原因，可能是因为使用上的要求或制作上的便利。饮酒的杯子不论古今中外，都是以圆形为主要形式。如果有不是圆形的，数量也不多，只当作是一种对固定形式的调剂和点缀，让生活较不枯燥而已。这种椭圆形的漆耳杯，大都只在楚地发现，但从其他质地的杯子的情况来看，这种造型应该也是从战国到两汉时期的主要形式之一。到底为何有此特殊形状的设计，不失为有趣的问题。

制作耳杯的材料，常见的还有陶与铜，但数量远少于木头。陶器主要是圆形，因为可以使用转轮，方便制作。椭圆形的铜器虽然在制作上没有太大困难，但仍是以圆形较多。木器的成形方法有许多种，砍削是最原始的，其次是榫卯套合，最进步的则是利用车床旋转。耳杯的制作，基本上是采用最原始的削砍挖刻。这种需要大量制作的商品为什么不采用最方便、最省力的方法呢？难道只是为了和圆形的碗盘有所区别？

很多陶耳杯的杯内用赭土涂成红色，显然是仿漆器的明器。会不会漆木杯也是基于类似的原因，模仿其他物品而制成？笔者服务过的博物馆藏有一件秦汉时代使用海螺制作的耳杯，扣合在杯两旁的提耳是鎏金的青铜。如果海螺是不值钱的材料，就不会安装贵重的附件。它是从一尺多的大海螺口边部分锯下的，一只大海螺只能制作一个，切割下来的形制就和漆耳杯的形状一模一样。大海螺是暖水域海里才有的贝类，在内陆地区非常珍贵。取形于自然的东西是器物最初的形制，后来或是为了适应新材料的性质，或是为了迎合人们思维的模式，才渐渐改变外形。削木为椭圆形是人为的，而海螺之所以被削割成长椭圆形是因为自然的成因，所以推测古时候的人们最初制作漆耳杯的原因，很可能是为了仿造海螺耳杯的造型。

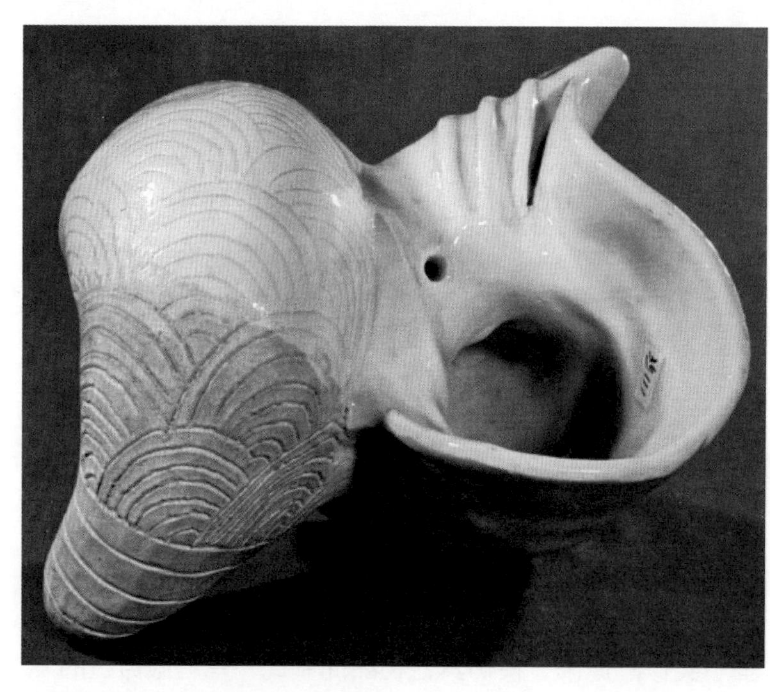

图2-5
定窑画花水波纹白釉瓷海螺，高19.8厘米。北宋，公元960~1127年

图2-6
海螺可能是耳杯取形的源头

中国何时出现天圆地方及二十八宿的想象

家具，最初是为方便日常生活而制作出的木制器具。可以想象定居比游牧生活更需要家具。木是容易腐烂的物质，不能够保存很久，所以很难从地下发掘的实物中得知中国何时开始使用家具，以及有些什么种类、是何种形状、用什么样的木料这些问题。

从日常生活中想象，因为一年的气温有显著的变化，人们必须要适时更换衣着以适应，因此，首先需要的家具应该是装衣物之类的箱柜。最早期的箱柜应该用整块木头挖刻砍制而成，后来意识到要节省木材及提高质量，那就应该要想出既省料又方便操作的办法。具有6000多年历史的浙江河姆渡遗址出土的带有榫卯及企口的薄木板，就是非常聪明的解决之道。这两种技术至今仍在使用。

图2-7

朱绘二十八宿漆木衣箱，长71厘米，宽47厘米，高40.5厘米，湖北省随县出土，湖北省博物馆藏。战国早期，公元前5～公元前4世纪

图2-8

图2-7箱盖图案

榫卯及企口都是使木料牢固接合的方式。榫是凿出带有凸出的头，而卯则是凿出孔洞以承接榫头。企口板则是在木板的两侧各凿出企口，以容纳另一块有梯形截面的木板，紧密衔接后成为不见通缝的平面。有了这两种技术，几乎所有的家具都可以制作了。商代甲骨文“贮”字：，作保存海贝于橱柜中的样子，可以推测当时已懂得使用箱柜。河姆渡的人们只用石与骨的工具，就能制造巧妙的木构件。商代的匠人已能使用青铜，甚至是铁工具，其技术的精巧肯定获得了更进一步的提高，制造的箱柜必定更为精致。

图2-7中这件箱子的器身与盖子分别由整块木料砍挖而成。盖子呈拱圆状，器身是长方盒形，盖与身以子母口套合。器身与盖子的四角均伸出短把手，把手中间还刻有浅槽，方便在扣合后用绳索捆缚。很可能甲骨文的“贮”字就是这类箱子的鸟瞰形状，两边的三道短划是伸出的把手，而非竖立的脚架或装饰花样。盖顶的两侧各凿出一凹形的纽足，想不出其制作的必要性，可能是为了开启后方便搁置，避免磨损表面彩绘的图纹。这座墓葬中同形制的箱子共出土五件，其中一件刻有“紫锦之衣”四字，无疑是为储存衣物而造。

衣箱器内髹（xiū，以漆漆物谓之髹）红漆，器表髹黑漆，盖面（见图2-8）正中朱书篆文“斗”字，顺时针方向还以红色漆书写二十八宿的名称。盖顶两端分别绘有青龙与白虎的形象。龙首处针刻“之匫（hū）”两个字，龙尾处针刻“后匫”两个字，分析“匫”就是这件器物在楚国当时的称呼。侧面也绘有卷云纹、圆点及动物纹。

这件衣箱在中国的天文学上具有重要的意义。中国古代把天空繁多的星星分成二十八群，名之为宿。东方七宿为角、亢、氐、房、心、箕、尾，以青龙为代表。南方七宿为井、鬼、柳、星、张、翼、轸，以朱雀为代表。西方七宿为奎、娄、胃、昴、毕、觜、参，以白虎为代表。北方七宿为斗、牛、女、虚、危、室、壁，以玄武为代表。其名称与顺序与此衣箱完全相同，代表东方的龙与西方的虎也一致，说明二十八宿的划分在战国初年已经确立，也表示当时应该有星图的绘制，甚至作为夜间海上导航的方向坐标。《淮南子·天文训》有“天道曰圆，地道曰方，方者主幽，圆者主明”的陈述，说不定这件箱盖作圆弧形，就是寓有天圆地方的用意。

图2-9

黑、黄两色彩绘漆木内棺，长250厘米，宽125～127厘米。战国，公元前5～公元前3世纪

贮 zhù = 贮

作保存海贝于橱柜中的样子。

甲骨文“乐”表现的是什么音乐

图2-10中这件文物的部分零件已经遗失，但从端部四个可以转动的纽，以及长宽的形制来看，可以肯定这是一架弹奏弦乐的瑟。这件瑟的主体由整块木头雕成，背后有镂空的音箱。通体六面都漆上黑色底漆，在不干扰安弦线的地方，镂刻龙、蛇、凤鸟等图案，并加上红色的彩绘花纹。在古代，这是权贵者才能拥有的高级制品。

弦乐是利用弦线震动而发出声响的乐器。早在三四万年前，人们就可能因为使用弓箭而对弦线震动的声音感到熟悉。弦的音调因为材料、张弛、粗细等的差别而不同，古人因此能感觉到不同音调的弦声并加以利用，所以一般认定弦乐的起源比较早，且有“伏羲作五十弦

士无故不撤琴瑟
弦乐定音

图2-10
雕刻漆绘木瑟，长167.3厘米，首宽42.2厘米，尾宽38.5厘米，中高13.7厘米，湖北省博物馆藏。战国，公元前403~公元前221年

瑟，或黄帝使素女鼓瑟，哀不自胜，乃破坏而为二十五弦”等的传说。但是从各遗址出土的文物来看，目前没有找到早于春秋时期的弦乐器，猜测是因为木头不能长久保存于地下，所以不见于遗址；文献中确实有提到弦乐的记载，其时期也不早于西周。

甲骨文的“乐”字：，呈木上有两条弦线之状。看来像是表现弦乐的样子。但是甲骨卜辞中“乐”字还未见于被使用在有关音乐的场合。西周金文的“乐”字：，则在两弦之间多了一个白字。白字是大拇指的形象，或认为白字是一个琴拨形，用以表示用手弹奏的方式。如果弓是弦乐的前身，以手拨弹演奏应是最自然的。但是早期文

献都以鼓字描写弦乐演奏的动作，如《诗经·常棣》有云：“妻子好合，如鼓瑟琴。”如果乐字确实以弦乐创意，则金文的字形大概是在表现以拇指按弦，同时用另一手敲打出声响的样子。以手指或用琴拨拨弹则是比较晚才出现的技法。

汉代的瑟以二十五根弦最为常见，在瑟上布置成中央七弦，上下各九弦，每弦能够弹奏一个音调。为了演奏的方便，特意使上下组的弦同音调，所以总共为十六个音调。弦线用数股细线绞成，粗细不等，再以可移动的弦柱安排弦线的距离，使长度递减，好能弹奏出井然有序的音调。后来更利用弦线发声的规律，在不同的地方按弦而使一根弦能弹出不同的音调，减少弦数的安装。

弦乐可能因声音不洪亮，而对早期社会来说不太实用，所以发展较迟。《吕氏春秋·侈乐》说商纣：“作为侈乐，大鼓钟、磬、管、箫之音，以巨为美，以众为观。”其中就没有提到弦乐。但是后来弦乐逐渐受到重视，《礼记·曲礼》有“士无故不撤琴瑟”，琴瑟成为士人必修的技艺，也是最高尚的乐器，而有“雅琴者，乐之统也，与八音并行”的评价。

音乐需多音程才能成调而悦耳。只有管乐与弦乐能够由一件乐器发出多个音程。管乐的发音与管的长度、直径同时受到影响，要经过复杂管径的校正计算，才能得出一定间隔而定出有规律的音阶。管径如果不正圆，发音更不准，对古人来说，制作管乐器调整音调相当不容易。弦乐器则可以按不同的弦线间距产生不同的音高，其长度与音

图2-11

锦瑟巫师戏蛇纹残片，残长11.5厘米，残宽7.2厘米，河南省文物考古研究院藏。战国，公元前403～公元前221年，木胎，瑟首部分巫师头戴鸟形冠，张口做咆哮状，似鸟爪的双手各持一蛇，其前后各有一急奔的细腰女人

高之间的关系很明显，比较容易被观察到，也比较容易校正修改。弦乐似乎是直到西周晚期才受到重视。弦线长度与音高的关系可能这时才被发现，有可能是因为以弦乐来校正其他乐器的音高，才在乐团中具有领导的地位。

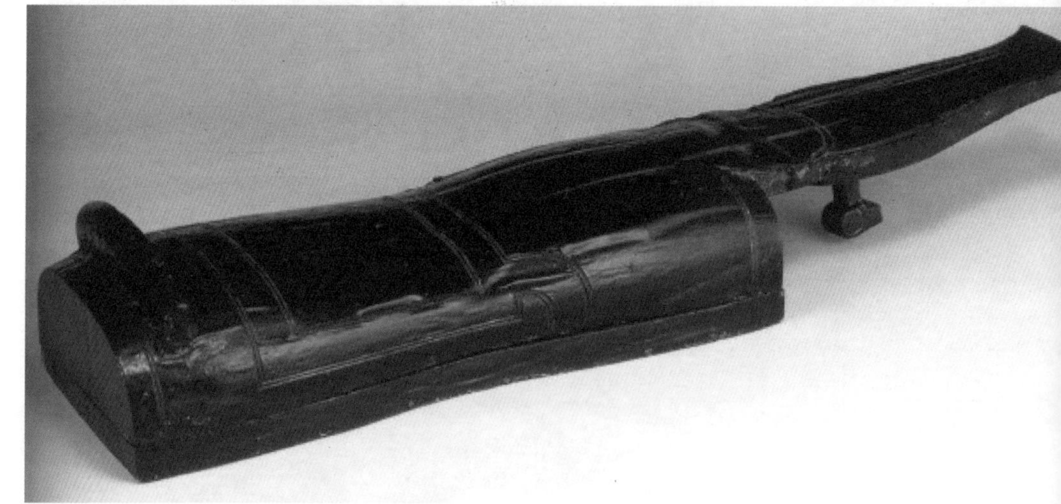

图2-12

十弦琴，长67厘米，宽19厘米，高11.4厘米，湖北省博物馆藏。战国，公元前403～公元前221年，木胎，由琴身和活动底板构成，琴身分音箱及尾板两部分，首端有十个弦孔

乐 yuè = 樂

作木上有两条弦线之状。看来像表现弦乐的样子，但是此字尚未见于甲骨卜辞中有关音乐的场合。西周金文的字形，在两弦之间多了一个白字。白字是大拇指的形象，或认为白字是一个琴拨形，用以表示用手弹奏的方式。

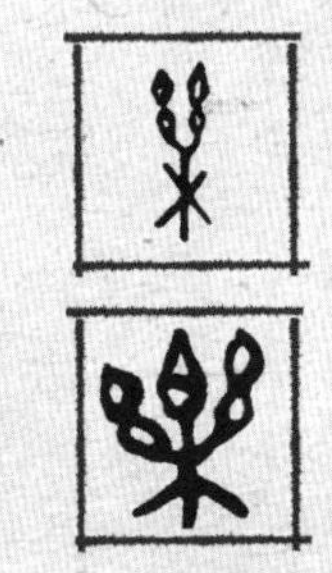

鼓从什么时候开始被用来激励士气的

图2-13所示这件器物是室内大型乐团中的鼓座，由很多件木雕的构件套合而成。整个造型是两只站立在老虎背上，共同背着一面大鼓，昂首高鸣的长颈大鸟。底座为两只背向伏卧，抬头平视的老虎，两虎分别雕琢而成并以榫卯固定，维持整体的稳定。两只鸟的颈、身、脚也是分开雕刻再套合的，鸟腿分别插入虎背的榫眼中，尾部也以榫卯相连。从羽冠的形象看，这两只鸟应该是凤鸟。扁圆的鼓用丝线穿过三个均匀布置的铜环，连接于两鸟之间。木胎涂上黑色的漆，其上还画有红、黄的彩绘纹样。这个鼓架作为展示的意图是非常明显的，但是现在看起来却黯淡无光，一点也不吸引人的样子。这是由于出土后的气候与地下原来潮湿的环境落差太大，在没有来得及保护之前，大部分的漆都已经脱落而变成现在的模样，它原来应该是非常鲜

前进的信号 击鸣鼓

图2-13
彩绘漆木虎座鸟架悬鼓，通高86厘米，鼓径38.4厘米，湖北省江陵县博物馆藏。战国，公元前403～公元前221年

图2-14
虎座鸟架悬鼓漆绘复原件

图2-15

鹿角及漆绘木镇墓兽，高96厘米。东周，楚国，约公元前500～公元前300年

图2-16

漆绘木雕梅花鹿，高77厘米，湖北随州曾侯乙墓出土。战国早期，公元前5～公元前4世纪

图2-17
彩绘龙云纹单头镇墓兽，高（未计鹿角）17.5厘米，湖北江陵雨台山6号墓出土。战国，公元前403~公元前221年

艳美丽的，如图2-14所示的复原件。

音乐可以激励情感，是人们劳动之余用来帮助恢复体力、舒展心情、交欢结好的活动，因此为文明社会所重视，它最先可能是出于工作或敬神的需求而发展出来的。

钟鼓都是利用敲打中空的器物发声的，而鼓需要蒙以皮革，制作的难度较高，应是比较晚发展的乐器。皮革很难在地下保存，只能从框架或痕迹辨认。目前出土的鼓中能确知制作时代的，最早大约为4000年前的甘肃半山和马厂文化的陶鼓。商代还发现过铜铸的鼓，其形制与甲骨文“鼓”的象形字相同。除有架子可竖立于地上外，鼓架上尚有分叉的装饰物。甲骨文“鼓”字： ，为手持鼓槌敲鼓状，表现了鼓槌的一端较膨大的样子。鼓的声响，得自鼓体的共振效果，短促低沉而有力，甲骨文“彭”字为鼓旁有三短划：，充分表现其节奏分明的特征。

鼓乐使用的场面可大可小。大者在千军万马中，其有力的节奏振奋人心，促使脚步跟着加快，是鼓舞士兵勇敢前进的好方法，所以大军行动都有钟鼓随行。钟声远传，是撤退的信号；鼓声激发士气，是前进的信号。

古代的音乐基本上是为了祭祀或节庆等大众集会而使用。鼓因为有节拍分明的特点，如果演奏的规模大，鼓就以声响大又能定节拍的双重功能而被使用；如果规模小，也能因为可以提示节拍，而在合奏中有不可或缺的地位。商代时钟与磬都还未能演奏多音程，因此以鼓与管乐器为最重要的乐器。到了西周中期，能演奏多音程的编钟与磬就成为正式奏乐的主调，管乐则因发音不洪亮，退居次位，鼓的功能则依然不变。如《诗经 • 彤弓》有云：“钟鼓既设，一朝飨之。”《荀子 • 富国》有云：“故必将撞大钟，击鸣鼓，吹笙竽，弹琴瑟，以塞其耳。”到了东周时期，随着阶级界线的模糊，作为阶级表征的礼乐重器也因之愈来愈不受重视。再之后，音乐更偏重于私人叙情交欢，演奏场所不再限于庙堂，而有笨重架子的乐器难于移动，因此改以音程完备、携带容易的弦乐和管乐作为庆典演奏的主调，钟、磬于此时大为衰落，但鼓还是被保留着，只是制作为方便携带的小型而已。

鼓 gǔ = 鼓

手持鼓槌敲鼓状，表现了鼓槌的一端较膨大的样子。

彭 péng = 彭

作鼓之旁有三短划，充分表现其发声节奏分明的特征。

瓷器之国的起源

器物的命名一般依其形制与用途，图2-18中这件陶器的腹径大于高度且有相当的深度，口径不小，用途是装水，一般称为瓿。如果再深一点且有盖，又作为装酒使用则称为壶。图2-18这件瓿的器身因为是使用泥条盘筑法制作，因此不很规整。所谓泥条盘筑法就是把泥土搓成很多长条，一条条绕着外围，逐渐围成容器的形状后再修整抹平。

图2-18这件瓿的肩上所粘贴的一对立兽提耳是用手捏塑的，器身上装饰的五圈连续的云雷纹则是用陶拍连续压印而成。这件陶瓿的胎色比红陶的色调黑一些，质量也比较坚硬。这是西周时代东南沿海地区所盛行的生活陶器的共同特征。这些陶器的纹饰与中原地区常见的兽面或夔龙纹很不相同，具有地区性的特色，学界归类这些陶器为几何印纹硬陶，在当时的北方应该是较为高级的商品。

来自南方的珍贵商品
印纹陶

图2-18
勾连云雷纹硬陶兽耳瓿，高12.9厘米，口径7.9厘米，江苏无锡出土。西周，公元前11～公元前8世纪

在决定陶器质量好坏的因素中，陶土比火候更为重要。烧窑的烧结温度可以改进，但陶土的质量有其本身的限制。自从商代以来，南方陶器的质量一直优于北方，其根本原因就在于使用的陶土。印纹陶器比当时一般泥质或沙质的陶器更加细腻坚硬，主要是因为其原料中的三氧化二铝较一般的陶土量高，经得起高温的烧烤。如果含量少却用高温烧烤，就会导致陶坯熔化而变形。烧结的温度越高，陶土的收缩率就越大并越致密、坚硬且耐用。至于硬陶的呈色比较深的原因是因胎土里所含的三氧化二铁较丰富，微量的铁在氧化气氛里的呈色是红色，在还原气

氛中就呈灰色。印纹硬陶因为含铁量特别高，所以呈色就以黑褐的色调为主，还有紫褐色、红褐色、灰褐色、黄褐色等色彩。根据测定，硬陶色泽越黑的烧结温度越高，质地也越坚硬。少数器物表面还显现有因受窑内高温影响而成的光泽，就像施了一层薄薄的釉彩。

江西筑卫城遗址出土的硬陶片，经过碳14年代测定，距今已有4000年左右。3000多年前商代的印纹陶多见于长江中下游地区，少量出现在黄河中下游的印纹陶可能都是来自南方。西周时代是印纹陶的发展期，此后可能为了配合釉彩的使用，而逐步改良转化为青瓷。

青瓷之前的有釉陶器称为原始瓷器。原始瓷器和印纹硬陶的主要差别只是在于有无施釉彩。这些陶器的胎体成分不但相同，在商周时期也往往见于同一个遗址。成形的方法主要是泥条盘筑法，也大都烧制为贮盛容器。到了春秋晚期，这两种陶器的功能才有了显著的不同，不上釉的硬陶主要作为贮盛器，而上釉彩的原始瓷器，大概因器表光泽滑润，就多作为饮食的用器。

瓷器的基本条件是胎体的质地洁白，烧结温度高，又上有釉彩。陶器转化为瓷器的关键是在于胎体的质量，而不是火候的高低。有办法让陶土中的氧化铝含量提高，氧化铁含量降低，胎体自然就可以接受更高的烧结温度，呈色也必然较白，且质地更致密，不吸收水分，击之就会发出清脆的金石声。浙江上虞地区首先成功烧造青瓷，该地特殊的陶土资源是其能拔得头筹的主要原因。中国能博得瓷器之国的美名，南方贡献良多。

图2-19

几何印纹灰陶罐，高9厘米，口径11.5厘米，上海青浦出土。春秋时期，约公元前6～公元前5世纪

图2-20

灰褐色夹砂双耳陶罐，高12.9厘米，口径6.6厘米，底径6.2厘米，云南德纳出土。春秋时期，公元前8～公元前5世纪

中国陶瓷史上最重要的一页：釉陶的开始

图2-21所示这件大口、高颈、肩腹界线分明、深腹平底的装水酒陶尊，造型简单，很难给予人太多的美感，却在中国陶瓷史上有着重要的地位，因为它是最早的有釉陶器之一。釉彩是陶器成为瓷的重要条件，这件酒器除了肩部的压印席子纹与腹部条纹外，在器表全部及口部内缘，都有一层特别的姜黄色的薄釉。有几处釉层聚积比较厚而呈现深绿色，略有缺陷。

釉是附在陶器表面的薄层玻璃质，因为所含矿物质与量的不同而有透明及各种颜色的差异。人们在距今1.5万年前就开始烧造陶器，到了3000多年前才因偶然的因素而领悟到釉彩的生成原理，但要到公元2世纪东汉时期生产青瓷时，才开始注重釉的使用。此后的陶器就很少不使用釉彩装饰了。

从草灰中发现的辉煌原始瓷器

图2-21
黄绿釉压印席纹陶尊，高27厘米，口径27厘米，郑州出土。商中期，公元前1500～公元前1400年

从商代到汉代偶尔会发现陶器的器内底部不必上釉的地方有釉彩的残迹，外表却未施用釉彩，推测其成因是因为作为燃料的草灰（含钙）偶然飞落在陶器内，最后烧出颜色晶莹的表层，并不是人们有意烧造的。由此可以猜测，这种有颜色的晶莹表层引起了人们的注意，从而发现是草灰所造成的，更进而在实践中验证，将草灰溶解于水中并涂抹在器物的表面，形成了钙质玻璃化的施釉效果。

釉彩的呈色得自所含的铁被氧化的结果，在氧化焰中烧制的为黄绿色，比较容易脱落；在还原焰中烧制的呈青灰色，釉层较薄但是比较均匀。釉层不但可以使陶器表面美丽光滑，也更不容易渗水，相当实用。以草灰制造而成的釉层，可能经常会聚而不散，导致陶器的釉层厚薄不均，表面斑点零落，看起来像麻子一般，并不是很理想。可能因为这个原因，以草灰烧制成釉层的成品并不多。人们渐渐改进技术，尝试使用石灰石碾成粉末，加以适度的黏土配制釉料，这种方式

图2-22

高10.5厘米，安徽出土。安徽博物院藏。西周中后期，公元前950～公元前771年。胎质为高岭土。圈足地方不施釉彩，器内却全面施釉

图2-23

圈棱纹青黄釉陶壶，高14厘米，重0.6千克，安徽屯溪出土。西周，公元前11～公元前8世纪。烧成温度不高，质松软，釉彩不均匀

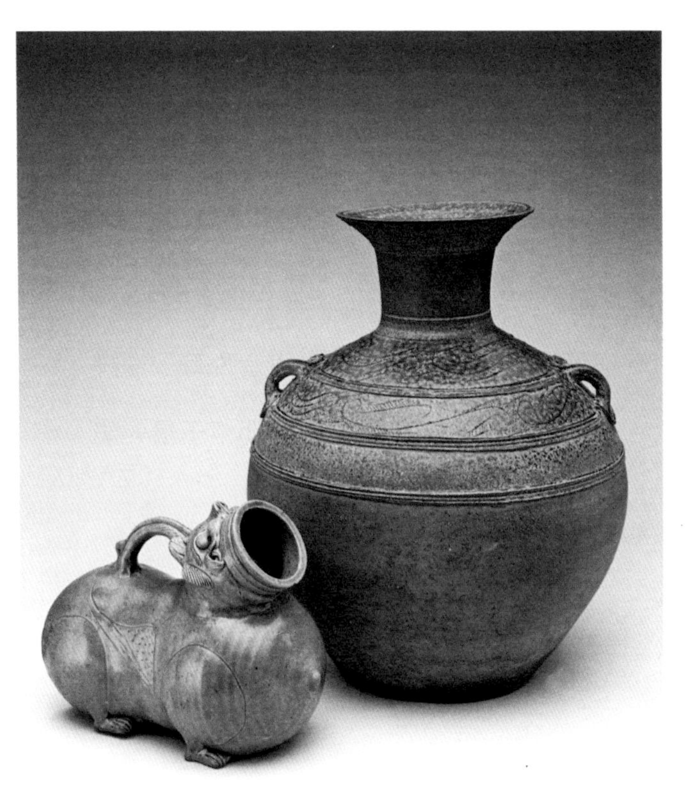

图2-24
早期高温釉陶：右为草灰釉硬陶罐，左为青瓷硬陶虎子（尿壶）。最高40.7厘米。汉晋时期，公元前1世纪至公元4世纪前半叶

烧成的釉彩叫石灰釉。石灰釉也有它的毛病，因为这种釉的流动性太好，如果在陶器的整个表面都涂上这种釉料，玻璃质的釉彩会沿着器表流下而粘在地上，强制剥取就会损害器物的完整性，所以器物的底部一定要留下相当的空间，免得釉彩与地面胶结。釉陶的生产到了战国时期逐渐增加，施釉的技术也得到改进。到了东汉时期，浙江地区的陶匠把大部分的缺点都克服了，生产出釉色稳定、流釉慢的成品，因为釉色泛青，所以名之为青瓷。这时虽然开始大量制作日用器，但仍是属于价格昂贵的制品。

中国人和西方人对于瓷的定义有些不同。中国文物界大致上把有施釉的陶器都称之为瓷，所以称商代的釉陶为原始瓷器。但是西方对瓷的定义比较严格，胎体坚硬的浙江青瓷，英文叫celadon，认为只属于硬陶。还要等把器胎的含铁量降到更少，烧结的温度也提高到1300摄氏度，呈色洁白，渗水率很低，胎质很坚实，叩之声音悦耳，这样才算是真正的瓷器（porcelain）。中国在公元9世纪后期终于最先烧制出符合于严格标准的真正瓷器，并博得China的美名。

饮酒作乐，同时也要长生求仙

汉代的温酒器与前代的有一些不同。商代的爵、斝都有支脚，直接在器下生火温热。西周之后，流行把酒壶放在盘或鉴中以热水慢慢加温。《楚辞》的“招魂”与“大招”篇都提到夏日冻饮，冻饮要使用冰块，就得使用容器，可能因此才改使用盘、鉴的方式。没有盖子的容器散失温度快，酒要尽快饮用。如果有盖子，就不必急着饮用。汉代的温酒器既然普遍有盖子，似乎暗示着饮宴的时间比之以前更为长久，以至于要变更温酒器的形制。

图2-25所示这件陶器呈圆筒形，腹壁近乎直线，平底，有三熊足。盖子作浅圆锥形。这种器形因为和妇女使用的梳妆漆木盒形近，因此有时也被称为奁。目前普遍称之为温酒樽，取名的原因是

寄托人们的快乐希望
祥瑞温酒樽

图2-25

黄釉陶尊，通高22.2厘米，口径18.3厘米，内蒙古包头出土，包头市文物管理处藏。东汉，公元26～公元220年

图2-26

浮雕祥瑞禽兽纹鎏金铜酒樽，高25厘米，口径23厘米，山西右玉出土，山西博物院藏。西汉，公元前206～公元前24年

因为已发现了好多件与这一件同形的铜器，如图2-26所示的铜酒樽，不但器形相似，装饰的纹样也差不多，其上就有“中陵胡传铜温酒樽，重廿四斤，河平三年造”的铭文，自然对这种器物的用途不用怀疑。这种器形也和同时代的某些熏香炉相近，但香炉的尺寸比温酒樽小得多，而且盖子都有透气的穿孔，以便烟气逸出。铜温酒樽的腹部两侧通常都有铺首（一种兽面纹样）衔环以方便提携，陶质的衔环可能不够坚固，所以陶温酒樽就不设衔环，或只是堆贴象征性的图样而已。

这一件温酒樽的质料是泥质陶，器身上施黄釉，覆盖了胎体的颜色，但不知为何盖与器颜色并不相配，盖子不施釉彩，显露出胎体的红色。除此之外，盖上还有几处有黄釉彩的残块，推测制作这件酒樽的时代还属于原始瓷器的阶段。釉彩首先见于商代，最先是草灰掉落在陶坯上熔化造成的。因为釉彩有光泽又有颜色，比没有上釉彩的器物美丽，陶工匠就有意焚烧草灰溶于水中，再涂在陶胎上，后来改良以石灰石烧釉，这些上釉的陶器就被称为原始瓷器。

釉彩之所以有光泽是其中所含的硅遇热而玻璃化了，其颜色则由于釉料含有铁质，在氧化气氛中呈青黄色，在还原气氛中呈青色。这一件绝大部分为青黄色，少数地方呈青色，那是控制不善、技术不成熟导致的现象。战国时代的原始瓷器，釉彩常常会收缩凝聚而成为麻点的样子，这一件完全没有这样的缺点，是快要进入青瓷的阶段了。青瓷制品，釉色纯净而莹润，胎质也更坚致耐用。

图2-27

釉陶尊，高14.5厘米，郑州出土，商晚期，公元前1400～公元前1100年

图2-28

青褐釉原始瓷尊，高28厘米，口径27厘米，郑州出土，郑州博物馆藏。商中期，公元前16～公元前14世纪

这组陶器上的装饰内容可算是汉代及南北朝所特有的，盖子为众多峰峦形，没有博山式熏香炉的盖子那么高尖，应是器物的功用不同。圆筒形的器身在器口与底座各有一圈高低不等的重重山峦。山峦之间装饰满满的各种浮雕，内容都是和神仙有关的，共有29种，47个图样。一般的图案以祥瑞禽兽为主，诸如龙凤、虎豹、牛羊、鹿驼、

图2-29

青绿釉压印席纹陶尊，高11.5厘米，口径18.3厘米，郑州出土。商中期，公元前1500～公元前1400年。部分有釉彩

狐兔、禽鸟、怪兽等，还有西王母、牛首人身、鸡首人身、捣药玉兔、后羿、三足乌、九尾狐等神话中的人和动物。这个时代的人希望往生快乐，常以神仙及祥瑞禽兽所居住的高山装饰器物。这件樽的图案层次虽然杂乱，但内容丰富，极有看头。

蕴含神道思想的华丽骨灰罐

盖子的主要作用是防止容器里头的东西变质，包括变味、变温、脏污等。但是图2-30中这件陶罐的盖子，不但高度与罐子几乎等高，还费心地捏塑、堆砌繁多的立体形象，显然意在展示，不会是日常使用的器物。这一类容器的容量都差不多，是具有某种特殊用途的器物。它出现于盛行佛教的时代。佛教提倡火化，应该是装骨灰使用的，所以可以称之为骨灰罐，也有称为魂瓶或丧葬罐的。但不宜称之为谷仓罐，因为装粮食的罐子不应该有如此喧宾夺主的繁缛装饰。从盖子上的景象，令人联想起汉代的随葬明器陶塔楼。塔楼具有神道思想，所以这个罐子也具有神道的意义，应为骨灰罐。

盖子呈现的景象是下大上小的三层楼阁。第一层为门柱有雕镂的敞开大门楼，从图片看，前后贯通。大门两侧有双阙，表明是豪族的庄园。第二层除了四面都有门户的主楼外，四角落各有一座碉堡或看楼。第三层则有小而低的阁楼。第二与第三层的屋顶都是四坡斜顶的

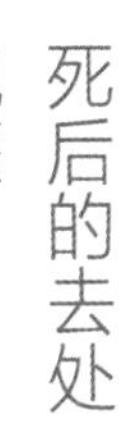

死后的去处 魂罐

图2-30

青釉瓦陶楼阙人物罐，高46.6厘米，浙江绍兴出土，浙江省博物馆藏。西晋，公元265～公元316年

形式，覆盖板瓦，屋脊也有鸱尾一类的装饰。第一与第二层共有十八个双手抚胸站立或屈膝跪坐的人分散在四周，很可能是服侍的仆人与守卫。罐子的腹部贴有模印的武士及奔兽等形象，应该是表达游猎的活动，这是求仙思想的常见场景。

这个罐子的外表涂了一层泛青色的釉彩，属于石灰釉。东汉晚期浙江地区成功地以还原焰烧造了釉层均匀、釉色稳定的高温釉陶，学者称之为青瓷。这种釉陶不容易褪色，耐用而且无毒性，适宜制造日用的食器。不像低温的绿铅釉，颜色虽然艳丽，但所含的铅有害人体，不宜烧造食用器。一直到五代时期，浙江地区烧造的青瓷日用器具始终保持着领先的地位。到了唐代，因为烧窑所在的余姚、上虞、绍兴一带属于越州管辖，因此就称呼此期的成品为越州窑或越窑。

这种有楼阁人物堆砌的罐子只流行于三国、西晋时期，以后就流行塔式的罐子，可能是因为中国受到佛教的影响愈来愈大，本土味道就愈来愈淡。中国很早就有死后有灵魂的思想，东周开始有求仙以祈长生的行为，并且认定神仙生活的处所位于崇山峻岭。到了汉代，求仙更为盛行，贵族有盖高台或高楼以接近神仙的习惯；表现于文物上，则有山峦狩猎、羽人、骑飞马、塔楼等的装饰图案。中国人接触佛教文化的初期，以固有的观念来认识佛教，希望也透过佛的神力来取得福佑及永生。魏晋时代接受佛教的时间尚不久，千年来的信念还根深蒂固，所以虽然接受佛教死后火化的新信仰，但放魂、往生的习俗一时还改不掉，所以同时以高楼、狩猎的纹饰来顺应风俗，甚至书

图2-31

青釉衔环双系罐，高23.8厘米，口径21.4厘米，底径13.7厘米。西晋，公元265～公元316年

图2-32

青釉鸡笼，高5厘米，长9厘米，宽6.5厘米。西晋，公元265～公元316年

写道教的符咒在上头。到了唐代，信仰佛教已有相当的时日，固有的求仙观念早已淡化，所以就不见这种形式的骨灰罐了。

图2-33

青釉瓦陶鹰形双耳壶，高17厘米，南京博物院藏。西晋，公元265～公元316年

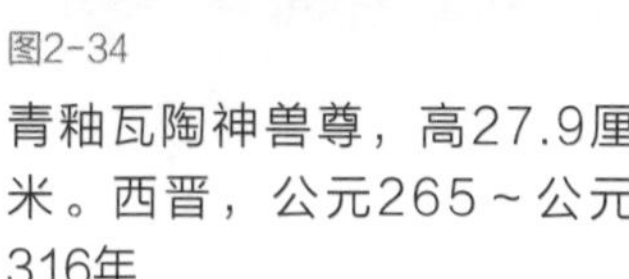

图2-34

青釉瓦陶神兽尊，高27.9厘米。西晋，公元265～公元316年

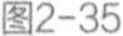

图2-35

青釉羊头双系柄壶，高23.8厘米，口径21.4厘米，底径13.7厘米。东晋，公元317～公元420年。褐彩的氧化铁没有完全还原，显现黑褐色斑。羊眼加上褐斑，更加形象化。一般多见鸡头，少见羊头

图2-36

越窑线刻青瓷熊形器座，高7.8厘米。西晋，公元265～公元316年

图2-37

长沙窑褐彩人物贴花壶，高16.3厘米，腹径13厘米，湖南省博物馆藏。唐，约公元700～公元900年

图2-38

青釉下刻花绿彩四系罐，高23.5厘米，河南博物院藏。北齐，公元550～公元577年

图2-39

带盖青绿釉陶壶，高40厘米，太原娄睿墓出土。北齐，公元550～公元577年

图2-40

青釉堆砌六系尊，高67厘米，口径19厘米，足径20厘米。北齐，公元550～公元577年

图2-41

贴花装饰的透明釉硬陶，最高37.7厘米。唐，公元7世纪

佛教传入对中国人生死观念的影响

图2-42中这个盖罐的腹部是上宽下小平底的形状，短颈，浅盘口。装饰繁缛，有堆砌及黑褐色彩绘。盖子堆贴一只鸾鸟以为纽，周围彩绘好几组花纹。器肩贴塑两个尾呈菩提叶状双头共命鸟的系纽。两组间各贴两个铺首及一个佛，排列整齐有序。佛陀像头上为螺髻，背光，趺坐在双狮莲花座上。颈部涂绘七只异兽。肩部在堆贴的图案间插绘飘动的草纹。腹部勾勒持使节的羽人，上层十一人，下层十人，两两相对，高低交错。最底部绘有一圈仰莲纹，甚至盖内及盘口内外也都绘有花纹。图案充满神仙的怪异气氛。

陶胎的质灰白，通体施青黄色的釉彩。这个罐子在早期的釉陶器里非常有名，因为使用了釉下彩绘，一种宋代以后才流行的装饰手

信仰的融合
神道与佛道兼具的骨灰罐

图2-42

青釉下铁绘褐彩羽人纹双耳瓦陶盖壶，高32.1厘米，口径12.6厘米，腹径31.2厘米，底径13.6厘米，南京博物院藏。三国（吴），公元222～公元280年

法。新石器时代用矿物颜料在胎体上彩绘。商代之后开始烧制单色的釉彩器物。这件罐子用含铁的颜料在胎上涂绘图案，然后再覆盖一层釉料后入窑烧烘。这样，釉彩的颜色和釉下图案的颜色就有可能不同。这一件，釉彩是青黄色，图案是黑褐色。在古人喜好多彩的习惯下，这种产品应该受到广泛欢迎的。但是，却不见其继续烧造，直到宋代磁州窑用这种手法生产民用陶器才受到欢迎。元代改用以钴彩绘，成功烧成釉下青花瓷，这种技法才成为重要的装饰手法。为什么之前不受欢迎的东西而后来成功了呢，这应该和胎质与釉彩都有关系。早期的陶土都含微量的铁，烧成后都有点颜色，釉料也含有铁，依铁成分的多少，呈色就从青黄到黑褐不等，彩绘的颜色肯定会受到胎色与釉色的影响，成果可能不理想，就像这一件，看起来有点脏乱的感觉。北方的陶工就设法减少胎体与釉料中的铁质，终于烧出透明釉的白瓷。

这个罐子的图案兼有传统的神道与外来的佛教思想，从容量与器形来看，可能是装骨灰用的。佛教倡导火葬的考虑可能在于表达不留恋人间的富贵，同时带有不浪费土地的经济动机。处理死人的方式在中国经过好几种变化。远古的人们不了解死与生之间的生理现象，也不明白怀孕的真正原因。见到有生有死，容易想象死生是持续的过程。看到皮肤破裂流血过多会死亡，导致人们相信要获得新生命就得让血液破体而出，灵魂才可以随着血液逸出体外，重新投胎做人。同时，医学不发达，寿命不长久，病痛让人难受，因此有打死老人使早

图2-43

长沙窑釉下彩花鸟壶，高22.7厘米，口径11厘米。唐，公元618～公元907年

图2-44

长沙窑青釉褐斑贴花壶，高22.5厘米，口径10厘米。唐，公元618～公元907年

图2-45
长沙窑白釉下彩绘绿花瓷枕，高9.5厘米，长16.5厘米，宽10厘米。唐，公元618～公元907年

日超生的习俗。后来不忍亲自动手，就把老人送到荒山野郊外，让野兽去执行放魂的工作。后来又改变成死后才丢弃于荒野。《墨子·节葬》中的“楚之南有炎人国者，其亲戚死，朽其肉而弃之，然后埋其骨，乃成为孝子”，所说的就是这种习俗。后来又不忍见到尸体受蝇蚋摧残，才改为埋葬。既有埋葬的行为，就加深了神灵的观念，随葬物愈来愈

图2-46

图2-45长沙窑白釉下彩绘绿花瓷枕枕面

多，以便带去来生使用。汉代甚至用木炭、白泥膏密封棺材，意在使尸骨不化。佛教于东汉传入后，一反当代极力保护尸体的观念，采用火焚的方式，冥合古代的思想。

庄严宝像

清静光明

叁　信仰与祈求——庄严宝像，清静光明

有关佛陀生平的造像

睡眠和死亡：『床』的真正功能

神佛雕像：虔诚信仰与对来生的期望

原来阿弥陀佛偷偷换过发型？

用心制作的佛陀雕刻：佛像龛

观音菩萨的性别之谜

佛陀座下的两大弟子：阿难与迦叶

甲骨文中的『鬼』

金银打造，贵重无比的舍利宝函

有关佛陀生平的造像

造像碑是佛教传进中国以后才形成的，是信众为了表现他们虔诚的信仰，希望借助伟大的神力禳除病痛，让死去的亲人往生极乐世界，或为活着的长官与亲友祈福以储积功德，以求来生的福报，所以奉献钱财以雕造佛像供大众崇拜。造像高大的为“碑”，小的才二三十厘米高的为“石”。这些碑石大都雕刻有题记，说明造碑者的心愿。图3-1中的这座碑在右窄边的上方，有如下的刻铭：“（残缺）九月甲申朔，廿三日丙午日，合邑五十四人造石象一区。上为国主万岁、佰官、先人（可能刻“堂”字未完成而再刻“人”字），下为四邑子，道心眷顾，至元退转，直领密啼，一时成佛。”虽然纪年的部分残缺，但根据造像的形式与人物的风格，以及九月的朔日为甲申等细节，推测年代为北魏孝明帝正光四年，公元523年。

南北朝时期的造像碑大都以佛陀悟道以后的形象，或加上菩萨与弟子围绕在身旁为主题，很少表现未成佛以前的形象。但是这件碑却

奉献钱财储积功德 佛教造像碑

图3-1

灰砂岩佛教造像碑（离城大碑），高224.8厘米，加拿大皇家安大略博物馆藏。北魏，公元523年

珍贵地留下了佛陀青年时期的生活片段，碑正面上半部的主题是悉达多王子（释迦牟尼的俗名）离开京城去求道的故事。

佛陀相传为今日尼泊尔南部、古印度北部迦毗罗卫国的净饭王太子，母亲生佛陀时死于难产，佛陀由母妹养育。因为有王子会出家的预言，父亲供给他极为享乐的生活，以免他厌世。17岁结婚，生有一子。29岁时终于不免接触到生老病死的烦恼，因此想偷偷离家去寻访神仙求道。为了防止马蹄声响会吵醒国人而被阻碍出城，便有两个飞天举起马蹄将之托离京城。图3-1的这个碑就是以此故事为主题，故被命名为“离城大碑”；或因碑上所记出资者大都姓张，所以也称“张氏造像碑”。

故事发生在印度，图像表现的却是中国的风格。最明显的是建筑的形象，远处正中央的宫殿群，两旁延展的围墙间错落的四座厢房及入口的两扇大门，其屋顶都是覆盖瓦片并有鸱尾的形式。大门两旁的列戟是中国官厅所特有，说明此建筑是官家的所在，衬托出乘马的人是王子的身份。

碑文点明共同出资雕造的人共有54个，但碑上雕刻穿袍的善士却有57个，提到的名字更多。最大出资者的张姓像主被雕刻在背面中央最显眼的地方，他在屋中，手拿着半月形的酒杯，前有仆人持酒瓶在服侍，屋外还有侍从分别手拿着伞与扇。其他较不重要的出资者则被成排地刻在较不重要的位置。

石碑正面下半部分的造像是常见的三尊形式，释迦牟尼坐在中间的高座上，两旁为侧身站立在束腰形台上的胁侍菩萨。整座碑的主题是来自印度的佛教，表现的手法却是中国的传统风格。在当时那个时代，混合华夏民族传统与异族新鲜事物的表现手法，反映于生活的各个方面，如胡族使用源自华夏族死亡观念的承棺石架，汉族使用游牧民族皮囊形状的陶器等。它们都丰富了中国艺术的内容，形成了包容的民族性格。

图3-2

佛陀及菩萨造像石，高62.6厘米，长47厘米。隋，公元589~公元618年

睡眠和死亡：“床”的真正功能

从考古发掘得知，图3-3中这件由11块青石构成的石屏是放置棺材用的。魏晋南北朝时期的墓葬常见的是没有围屏而只有下面的石架，也是做成有支脚的形式。这件石屏的床榻四腿线刻力士承托图，后屏有浮雕及彩绘乐舞、狩猎、居家宴饮、友好交往、野宴商旅等图样。右屏及左屏则有宴饮、狩猎、出行等图画。这件石围屏的纹饰生动，雕工也非常精美，堪称精品。但是不知何故，石屏内不见遗骨。墓中甬道有发现人骨，但可能不是墓主人的。

这个时期的石棺床虽然常见于外族统治的北方墓葬，但它应该源自汉族的习俗。其上的图样，如图3-3这一件，除了承托的力士以外，其他全带西方风味。有些则具浓厚的中国味道，如一件北齐承棺石，

永久安眠的地方

承棺石屏

图3-3

贴金浮雕彩绘石屏，长228厘米，宽103厘米，高117厘米，陕西西安出土。北周，大象元年（公元579年）

最上排是来自印度佛教艺术的莲花花边，主题的龙、鸟、神兽共咬着一条横长的宽带，则承续了中国青铜器时代的纹饰。支架上的两个戎装武士、人面兽身蹲坐的神兽、高蜷背髦的狮头避邪。其形象与南方的随葬陶俑非常形似。这些现象反映了当时民间混杂的中西宗教信仰。

明了中国的死亡仪式，才会理解何以石棺床会大费周章地被做成有支脚的形式。一般人以为床本来就是为平常人睡觉而设的，但这是不正确的想法。甲骨文的“疾”字：，是一人躺卧在有短脚的床上，而“宿”字：，则是一人躺卧在席上的样子，差别只在寝具而已。这表明3000多年前，席子与床已有习惯性的不同用途。睡眠使用席子，卧病则在床上，一眼就明白其各自的意义，并据以创字。

到春秋时代，包括贵族在内，平常睡在地上，睡在床上就表示有特殊的情况。台湾地区以前的建筑是属于干栏形式的，人们睡于高出地面的铺板上。但是当有人病危时，就得将病人从铺板上移到正厅临时铺设的床上，称为搬铺或徙铺。以前的人们认为如果有人在铺板上死亡，其冥魂将被吊在半空中不能超度而前来骚扰亲人。有时来不及制作，还会拆下门板以充当床。人要死在临时架设的床上才合乎礼节和习惯，这起码可以上溯到孔子的时代。所以棺材也做成中间有隔板，隔板下有支脚（如图3-4所示的湖北江陵九店东周墓），一如甲骨文“疾”字的床形。

生病并不一定会导致死亡，何以商代的文字会反映一生了病，就要考虑到丧事而让病人睡在床上呢？我想它与古代的医疗水平有关。对于致病原因不明的内科疾病，商代还是没有多少有效的办法。主要对策是向神灵祈祷或祭祀以求解救，病死的概率很高。因此一旦得了病，就得做最坏的打算，把病人放到可以移动的板床上，搬到适当的地点，以备万一不幸时刻的来临，可以死得其所。但是西周后期以后，药物已发展到可以延长病期，甚至有痊愈的可能。病人习惯于长期睡在病床上，不嫌弃其为丧具，而渐渐被接受成为日常的寝具。床

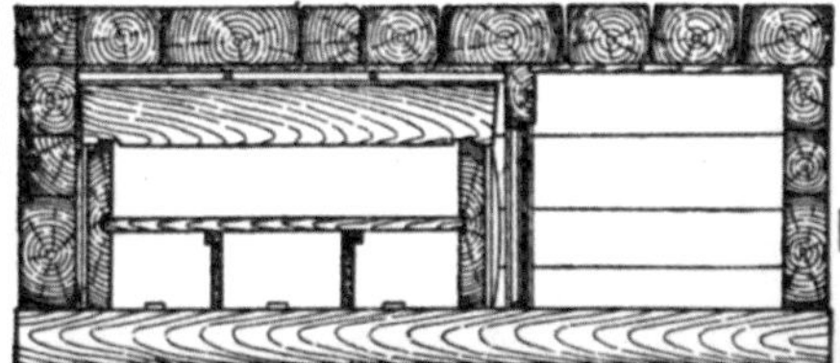

图3-4

湖北江陵九店东周墓椁内木棺的侧面与正面剖面图

图3-5

贴金浮雕彩绘石屏，左侧，长93厘米，高68厘米，厚8厘米，三幅以榫卯相接，有车马出行、狩猎、野宴图。公元579年

板高于地面，不但避湿，也可以避灰尘，也许人们因此利用之以为坐息。到了东周时期床已发展成可以坐卧、进食、书写、会客的家具，为屋中最有用的常设家具。

图3-6

承棺架。石灰石，长210.2厘米。北齐，公元550～公元577年

图3-7

浮雕彩绘椁座，鱼国人，内容与祆教礼仪有关

宿 sù ＝ 宿

作一人躺卧在席上的样子。

葬 zàng ＝ 葬

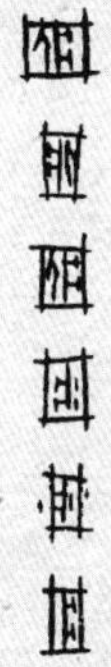

一个人躺卧在棺内的床上。

神佛雕像：虔诚信仰与对来生的期望

图3-8所示这件白色大理石所雕的人物脸庞微胖，高额平整，双眼微张，眉毛弯而细，鼻梁端正，嘴角含笑，呈现庄严而慈祥的样貌。头发卷曲，紧密有如聚珠，两耳长垂。不用看衣着，已经可得知他是西方极乐世界的主人，阿弥陀佛。他身材适中，里面穿裸露右肩的斜肩无领宽长袖内衣，长至脚背。外披开口在后而比内衣稍短的宽长袖长袍。内外衣袍的褶纹规整对称，显得轻逸而单薄。高厚的赤脚站立在莲花瓣围成的圆形底座上，圆形底座下又有一个刻铭文的方形座。

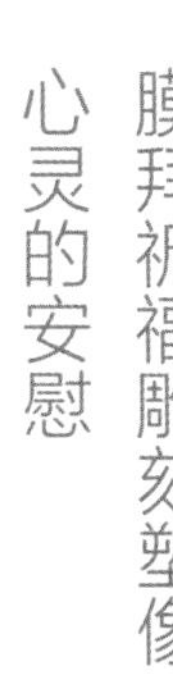

图3-8

彩绘大理石阿弥陀佛立像，高268.6厘米，加拿大皇家安大略博物馆藏。隋，可能雕刻于公元587年这雕像的石座铭文点明此像是阿弥陀佛。两者虽然相符，但像与座之间的结合处并不是很吻合，可能原来并不是一组的。铭文还说两旁有观世音及大势至菩萨。那是早期常见的佛教三尊的安放形式。雕刻的日期正好在已风化的底座角落处，只知是某帝王的七年，原先认为其年代是公元577年，现在则更倾向于隋文帝开皇七年，即公元587年。

这个石像的正面造型虽然看起来高大而充实，但却相当薄，似乎是紧贴在墙壁或屏座之前，只展示正面的样子。尽管如此，平坦的背面，还是一丝不苟地表现罩袍另一侧的衣缘形态，同时下边也以浮雕的手法表现联结底座的尖叶形支撑物。背部中线在肩及腿高的地方各有一个正方形榫洞，可能是安装龛笼或象征佛陀释放光芒的背光附属物，也有可能如木雕佛像的背洞，是用以陈放供奉物的。

这件石像看起来非常洁白纯净，似乎有意以此来表现佛陀的博爱慈悲。其实细细观察，衣袍上有红色颜料和表现僧袍补丁的黑线轮廓，头发也有黑色颜料。比照同时代的其他大型佛陀雕像，当时应该涂有石膏粉，并加上彩绘或贴金，有可能是如图3-9那样金碧辉煌的。这个石像残坏的手臂有孔洞，显然是插装释迦牟尼像已经遗失的用以标示手印的手掌。

阿弥陀佛是起源于印度的佛教创始人，名叫悉达多，族姓为乔达摩，佛教徒尊称他为释迦牟尼，意为释迦族的圣人。东亚文化圈内简称为释迦或者释尊，或称为佛陀，为觉悟者的音译。由于史料缺乏，

对于佛陀生卒年代的不同推定相差超过百年之多，早的说是生于公元前565年。有可能释迦的门徒们以他的名义讲道，以致各地有关他传道年代的记载就有些差异。

中国从商代开始就有很发达的铸造、烧陶、骨雕等手工业，但取材动物的为多，极少以人像赋形。战国时期偶见以人的活动为创作题材。秦汉时期虽有陶俑，但主要是以随葬为目的，不是为了展示，所以地面上难得见到大型的雕塑。佛教传到中国后，信徒们为了膜拜祈福，期望得到来生的安乐，不惜花费金钱，纷纷购买或捐钱铸造、开雕可以长久展示的佛像，留下了无数铸造或开雕的大大小小的佛像及寺塔，弥补了中国艺术史上的人像雕刻的缺口。

图3-9

北齐彩绘石雕立佛，高97厘米，山东青州龙兴寺藏。公元6世纪

原来阿弥陀佛偷偷换过发型？

图3-10所示这个头像梳高螺髻，发丝是卷曲的，旋涡的中心点都在头前面，一在额上，一在代表智慧的肉髻上。左耳已经损坏，右耳的耳垂长长下垂。只需这两个特征，就可知道他一定是得道的阿弥陀佛。眉毛纤细而极度弯曲，眼睛微张而与眉毛相距甚远，鼻子已经损坏，嘴唇肥厚而轮廓清楚，有着非常丰满的脸庞，致使两嘴角挤压出纵向的沟纹，肥胖的下巴还显露一道褶纹。这些都不是南北朝常见的形式。整个造型接近于印度美术的隐喻表现方法，风格则呈现唐代人物的硬朗与豪

发型演变的过程 阿弥陀佛石头像

图3-10

阿弥陀佛石膏粉彩绘石灰石头像，高42.5厘米，加拿大皇家安大略博物馆藏。唐，公元7世纪晚期至8世纪早期

爽的特征，因此判断是唐代的作品。

这个头像原来是一个高厚的浮雕，被从耳朵后底层处剥取下来的。由于涂了一层泥，看起来像是棕色的。但从损坏的地方可以看出石头的本质，与河南洛阳龙门石窟的灰色石灰石一样。从庞大的头部可以想象全躯该有多大，大半是从某个依山而建的大型石窟寺所剥取下来的。两旁应该还有胁侍菩萨，甚至还有两位圣僧。

阿弥陀佛的发型，在中国常见的有两种，一是早期的，南北朝时期的直发高螺髻式。一是后期的，隋唐之后的一粒粒鼓起好像是很多珠子聚集在一起的造型。这两种发式的演变是突兀而不自然的，中间应该还有一过渡型才能衔接演变的过程，可能就是像这种为数不多的卷曲发型。

佛教在东汉初年开始传入中国。初期由于伴随而来的图像尚不多，不了解佛陀施放光芒的肉髻的由来，加上大部分中国人的头发是直的，也不知佛陀的头发是卷曲的。肉髻看起来像是中国男子的梳发，把头发梳上去而打成圆髻的样子，所以就这样定型了。后来传入的经卷、塑像渐多，才了解头上和肉髻的发丝都是卷曲的。很可能一般工匠没有真正见过这样的头发，把大的卷曲做成小的卷曲，终于变成聚珠式的佛陀特有发型。后来可能也不了解凸出的螺形髻就是佛经中的肉髻，因此就又在头上加了一块光溜溜的肉髻而成了现在常见的形象。似乎在宋代还没有这样的形象，但13世纪时就很常见了。

图3-11
灰石佛陀头像，高61厘米，加拿大皇家安大略博物馆藏。明，公元15～公元16世纪

图3-11这件明代的佛陀头像，和上图3-10的唐代作品颇为近似，但更为高大，可以想见雕造的费用更高，展示的场所更要大，也表明佛教在明代仍拥有相当多的信众。这个佛陀的五官虽然非常匀称，但是眼、鼻、唇的雕刻细节都已经格式化了，要不是有一些佛陀特有的特征，例如两眉之间的白毛瘤，珠子聚集式的头发，以及在头发间的肉髻，脸孔就和其他佛教或道教的神仙没有什么区别。整个容貌看起来，比较呆板，也比较像中国人了。

图3-12
鎏金青铜十一面观音（左）和释迦牟尼（右）立像。连座最高23.6厘米。唐，公元8世纪

也许这个雕像的尺寸较大，细部的形象也可以表现出来。比较小的佛像，头发都做成密密麻麻的光滑聚珠式。此像则可以看出每一个小发球上丝丝的弯曲线条，展现出从卷曲的头发演变过来的过渡历程。这个佛头的额前还有一个圆形的瘤，这是早期所没有的形象。这个特征被认为表示有特别的洞察力。后代的绘画中，此白毛所演变的肉瘤被描画成发出光芒。它原先应是佛陀特有的形象，后来大概作为有特殊法力的象征，连菩萨、天王的塑像也常以镶嵌的宝石表示他们的法力。

图3-14

佛禅定彩塑泥像，高92厘米，敦煌莫高窟259窟。北魏，公元386～公元532年。眼睛微闭沉思，神情恬静，双手作禅定印

图3-15

影青釉瓷佛陀坐像，高17厘米。元，公元1271～公元1368年

图3-13

佛坐石像，高79厘米，山西省芮城县博物馆藏。唐，公元618～公元907年

用心制作的佛陀雕刻：佛像龛

图3-16所示这一座造像石因为顶部是穹顶形，有如供奉佛像的石室或小阁，所以被称为龛。这个龛在背面使用楷书雕刻题记：“仪凤三年（公元678年）三月廿一日，弟子给事郎行内谒者黄行基，敬造弥陀石像一龛，一佛二菩萨二圣僧二师子并供养具等，上为天皇天后，下为七代父母，所生父母，内外眷属，及法界众生等，普同此福。”

正面雕刻的是典型的大乘佛教的五尊，即佛陀在中央被成对的罗汉和菩萨所拥簇着。在尖穹顶的背景下，用浮雕的形式，释迦牟尼盘腿坐在莲台上，右手作大无畏的手印。在他右边是年纪轻的阿难，左边则是年纪大的迦叶。此石像的旧照片显示，阿难的头部有残缺，头部的皱纹应该是修补的工匠依据迦叶的相貌而误加的。

最外边的一对身躯如摇摆柳树的是中国北派佛教的菩萨代表。在佛陀右边是大势至，而左边手拿着圣水瓶的是观音。这四位陪侍者全都站在由主茎延伸出来的莲花台上。佛陀的莲台下是一对侧面蹲坐而

图3-16
白大理石佛像龛，高49.2厘米，加拿大皇家安大略博物馆藏。唐，公元678年

举前爪的小狮子。圆形或尖叶形的背光给素白的穹顶背景点缀了一些生气。石龛的长方形底座上刻有十二个信士手拿着莲花苞蕾，分别跪坐在熏炉两旁的八张席子上。

佛教的根本思想为无常无我，否认性爱，提倡平等慈悲，禁止肉食。中国有可能在西汉时就已经接触佛教。根据可靠文献，东汉明帝永平十年（公元67年），他因梦中的景象而派人往印度求法。佛教开始传入的时间，当在东汉初年。

人们对于事物往往通过一己的经验去了解。佛教和中国的黄老都是主张清虚无为，所以初始只在上层贵族间有些影响，以对待中国旧宗教的眼光来迎接这个外来的宗教。汉代是一个非常迷信神仙、方士等种种道术的时代，流行造奉祀祠以祈福永命，它虽然和佛教原来的思想很不相同，其贿赂鬼神的因果报应说甚至是相反的，但一件事情要能够推行，就要和传统的思想、习俗有所结合。因此佛教来到中国以后被说成是可以修炼成神，白日飞升，长生不灭。佛教的因果报应也被说成是有祭祀就有福佑，行善事就能长生，以致权贵者以其得来的不义财富布施，妄想得到善果。例如，四川出土的摇钱树上常有佛陀的形象。

汉代少量的佛寺，主要为了满足来中国的胡商的宗教信仰，法律尚不许中国人出家当和尚。佛教否定现实的人生，认为现世的欢乐苦痛是虚幻的，或起码是暂时的，只有涅槃的精神世界才是永恒的快乐。所以有支派以女性出家修道可来世生为男子的信仰，可视为一种女性的解脱。东汉末年以来中国社会长期动乱，人们为灾难所折磨。无法在现实世界得到快乐的穷苦大众，只有把摆脱痛苦的希望寄托在来生。与佛教教义相合，安于现状的麻痹思想有利于统治阶层的管

图3-18
有彩绘痕迹的灰色大理石佛像碑座，高142.2厘米。明，公元15世纪早期

图3-19
三尊菩萨木像，中央为观音，两旁可能为文殊与普贤。最高195.6厘米。明，公元15世纪

图3-17
彩绘贴金释迦牟尼石造像，高38.5厘米，宽27厘米。南朝，公元5～公元6世纪

理，故得到政府的大力提倡，促成南北朝及隋唐时代佛教在中国的兴盛，并传播到日本，影响其文化至今。

观音菩萨的性别之谜

图3-20中的这件木雕上身裸露胸部，颈部绕挂宝石璎珞，下系有短垂饰的长裙，赤足立于台座上，两手戴有臂钏与手环，这是菩萨的典型形象。菩萨是既能自觉而又能使他人觉悟的人物，他们下凡来帮助人间，所以打扮成世俗喜好的华贵形象。菩萨数量多如恒河沙数，不借助伴随的法器很难辨识出身份。这座像两手残缺，看不出所持的法物，但头上的宝冠上装饰有佛陀形象，阿弥陀佛是观音菩萨的前辈、精神的导师。在菩萨中只有观音具有此特征，所以可以断定雕像的身份是观音菩萨。

木头很难在一般的自然环境下保存，起伏不定的潮湿变化，加快了腐朽的速度，尽管保护得当，也难挨过千年以上的岁月。除非埋藏于地下，又处于稳定的理想条件，才有办法超越此年限。图3-20中这

救苦救难万众景仰 观音菩萨

图3-20

石膏粉涂、彩绘及鎏金观音菩萨木雕，高190.5厘米，加拿大皇家安大略博物馆藏。金，有“明昌六年”（公元1195年）的题记

件近乎2米高的大型木雕是使用桐木所雕，可能因为保养妥当，还保存得相当完善，至少已被油漆过四次以上。当购买者打算把木雕从中国内陆运往沿海口岸再转运海外时，为了方便车子的运输而把木雕锯成两半时，竟然发现此件身内藏着一块题记，是在由身躯外边的裙子锯下的木块上书写，然后又黏合回去的。题记写着："时明昌六年（公元1195年），南步沉村爨行者请到平阳府洪洞县（今山西省南部）。贾颜记笔。"这表明800多年前，此木雕已经完成了。文物拥有确切的制造年代与地点，可以作为判断其他作品年代与制造地的参考，其重要性不必多言。

观音菩萨的名字，音译印度梵文为阿缚卢枳低湿伐罗。阿缚卢枳低的意义是观，湿伐罗是自在，意思是观察一切众生而自在地给予救援，或观察一切佛法而无碍自在。较正确的译名为观自在菩萨，而文献的称号有圣观音、观世音、观自在、光世音、观世自在等多种。唐代为了避太宗李世民的讳，就略称为观音。

传说观音菩萨为恒河八十亿沙所成，具有众多美好的形象，与佛同样头顶肉髻，璎珞中现出一切庄严事，十指端各发出八万四千毫光，柔软地普照世界，接引众生，举足自然，足下有五百亿光明台，下踏则有金刚摩尼花铺满一切。他是阿弥陀佛的左胁侍，西方三圣之一。据称遇险的众生只要诵念观音的名号，菩萨立时观其音声，前往解救。传说可以让白骨复活的净水瓶就是观音菩萨的法器。要得到他的解救既然这么简单，其法力又如此的广大，所以信众最多，不但其

图3-21
石膏粉涂、彩绘及鎏金的沙石南海观音像，高113.7厘米。明，公元15世纪

他菩萨没有超过他的，甚至连佛陀都有点不如他。

不少人以为观音菩萨是女性，或以为女相的观音造像开始于南北朝而盛于唐代。但是各博物馆所藏及图鉴所介绍的，明代以前几乎都是男身。想来显像性别的变化在明或清代。为了拯救人间的疾苦，观

图3-22

彩绘泥塑菩萨坐像，通高74厘米，浙江温州白象塔。北宋，公元10～公元12世纪

图3-23

白石观音菩萨坐像，高73厘米，陕西历史博物馆藏。唐，公元618～公元907年

音有时需要变身以方便行事，上自神佛、天王、宰官，下至男女庶民，共有三十三种不同的身份，所以也称为三十三观音。最常见的是圣观音，其次为十一面、千手、水月、如意轮等。

图3-24

石雕观音菩萨头像，高41厘米。四川博物院藏。唐，公元618～公元907年

图3-25

观音鎏金铜坐像，高53厘米。吴越，公元907～公元978年

图3-26

观音鎏金铜立像，高49厘米。宋，大理国，公元10～公元13世纪

佛陀座下的两大弟子：阿难与迦叶

图3-27这件雕像的人物剃光头顶，身穿袈裟，很容易确定其身份为和尚。以和尚形象而被礼拜的人物，绝大多数是佛陀的弟子及罗汉，少数是后代的高僧。从雕像的尺寸之大，不难想象其身份很高，应该是非常有声望的人物。此人年纪很轻，容貌端正，面如满月，眼睛炯炯有神，在众多的佛教人物中，有几个人物可能符合这个形象，例如把母亲从地狱救出的佛陀十大弟子之一的目连，十八罗汉中深思好学的伐那婆斯，往天竺求经的三藏法师玄奘，或后世弘道有功的和尚。根据一张旧照片，这件雕像本来与另一基座形制一样而额上有皱纹的老和尚成双配对，因此很容易把这两件雕像确定为佛教造像中常见的佛陀身旁两大弟子，左边年老的迦叶与右边年轻的阿难。

神态安详自若
阿难罗汉

图3-27

石膏粉彩绘大理石阿难罗汉立像，高169.6厘米。唐，公元8世纪中期

这位阿难体态丰腴，神态安详而自若地站立在双层莲花座上。里面穿中国传统式的交领右衽衣袍，下系有褶长裙，外披长袈裟。不穿印度式袒右肩的法衣，表明此时已中国化甚久，估计是充满自信的唐代盛世时的作品。两手交互微微提起袈裟的下摆，造成高低有致的衣服皱纹，增加神态的动感。雕工也娴熟而细腻，是不可多得的杰作。

比照其他的佛雕，大理石的外表应该涂有一层白石膏粉，然后在其上彩绘比现在所见更为详细的纹样。因为风化的关系，大部分的彩绘都已经脱褪。保留较好的部分是上半身，有内外袍的紫黑色，红腰带及绿色带扣。从旧照片可以见到袈裟前后有补丁及花卉纹的痕迹。想来此雕像原先是五彩斑斓、炫人眼目的。参照其他的石窟群，整组雕像的正中央是佛陀，两旁是迦叶与阿难，两旁再拥簇着或坐或立的菩萨，都安排在彩绘的背景及顶龛之前。

阿难为阿难陀的简称，意思是欢喜或庆喜。他是佛陀的堂弟，在十大弟子中最为年轻。阿难自幼聪明，记忆力强。在释迦证道回乡后，便随之出家，常随侍左右，直至释迦涅槃逝世，达二十多年之久。阿难于释迦生前并未能开悟而解脱，在佛陀入灭时因此而悲伤恸哭，转向迦叶求教，发愤用功而终得开悟，修成阿罗汉果。

阿难因天生的智慧聪颖，对于佛陀的说法多能背诵，佛陀死后在王舍城举行的第一次经典结集中，迦叶在众和尚之前称赞阿难，说他所闻的佛法，如水灌注于器皿之中而无所遗漏，佛陀尝称赞他为多闻第一。因为他对于经法的流传有极大的功绩，中国的禅宗便奉他为西天的第二世祖。

迦叶的全名是摩诃迦叶，意译为饮光，或被称大迦叶、迦叶波。他于佛陀成道后第三年成为弟子，八日后即印证进入阿罗汉的境地。他为人清廉，深受佛陀的信赖，曾受到分让座位的荣耀。于佛陀入灭后成为宣教团的统率者，一直到阿难成为法团的继承者，才入鸡足山入定，以待未来佛弥勒的出世。禅宗以其为佛弟子中最无执着之念者，特别尊敬为头陀第一，为传法的第一世祖。

图3-28

弥勒说法图，高521.6厘米，元大德二年（公元1298年）。弥勒佛两旁的和尚即为迦叶与阿难

图3-29

白瓷罗汉坐像，高27.5厘米，内蒙古博物院藏。辽，公元907~公元1125年

图3-30

石膏粉涂、彩绘及鎏金木雕持国天王（东方的天王）像，高118.1厘米。元，公元14世纪

图3-31

不动明王白石造像，高88厘米，陕西历史博物馆藏。唐，公元618～公元907年

图3-32

铅釉瓦陶罗汉坐像，高126.4厘米。辽，公元11世纪。为一组八件罗汉坐像之一

甲骨文中的"鬼"

因为所含的铅不利于健康，盛唐时期，三彩铅陶釉主要是制作墓葬明器的材料。安禄山之乱后，社会凋敝，不再盛葬，除了北方的窑场偶有烧造外，到了明代才又见兴盛。除陶俑之外，还大量制作寺庙的展示物品，如琉璃瓦、雕像、香炉等。

图3-33中这件雕像的人物，手臂与两腿的肌肉纠结隆起，看起来相当强而有力。头发如火焰般的竖立，这是佛教金刚力士常见的形象。方正的脸上，两眉紧皱，双眼圆瞪如牛铃般圆而大，咬牙露齿，流滴着一道道绿色的汗水。颈脖粗短，胸膛的乳头高突，紧握着双拳，两手腕与脚踝都带着环钏，赤足作跃起之状，表现愤怒而想要攻击人的姿态。这件大型的雕塑安放在一个平座上，显然是意在威吓的展示。在与寺庙有关的世界里，很容易推测出这是地狱的

狰狞的面目 威严的阎罗

图3-33
阎罗王铅釉陶，高83.8厘米，加拿大皇家安大略博物馆藏。明，“嘉靖二年”铭，公元1523年

总管阎罗王的造型。

地狱的概念被认为是东汉时随着佛教徒及商贾而传到中国来的。道教则在9至10世纪间根据晚唐沙门所撰的《十王经》，初步构筑了地狱的景象。佛教是十八层地狱，道教则为十殿阎罗。阎罗王源自印度古代在毗舍离地方的一个王。他率领着一大群兽头人身的鬼军，拘提有罪的人到地狱里来接受应有的处罚。

政府为了有效管理大众，对于治下的人民，一方面怀柔安抚，一方面则威胁恐吓。鬼神是人所创造的，反映的是人间的世界。所以聪明的人也就设计了鬼神的扮相和行为，一方面给予幸福的愿景，一方面也进行威吓，以达到控制他人意志的目的。想象不能凭空，鬼的造型和行为就离不开人们的经验和所见的形象。但为了达到恐吓的效果，就得与正常人的形象有所差异才会发生作用。因此就根据某种异常特征加以夸张，或以异胎取形，以致有了与正常人形象差别的二头、三脚等各种扮相。

表现在商代的文字，“鬼”字：，是一个人戴有巨大面具的形象；“异”字：，则为头戴着面具而两手上扬挥舞的鬼。未开化民族的面具，形状大都恐怖惊人，异于常人。因为他们认为面容异常者必有精灵，所以异字有奇异、惊异等意义。

越神秘的东西，越可以让人惊恐而达到震慑的目的。古人除了戴恐怖的面具外，还知道在身上或在衣服上涂磷使之发光。意义为鬼衣的“褮”字的甲骨文为：，是衣服有多处火光的样子。“磷”（古为“粦”）字：，则是一人身上光点闪烁的样子。磷是质脆而软的固体物质。它存在于骨骼中，埋葬后慢慢会渗到表面来，易于暴露在空气中而氧化，在黑暗处发出碧绿闪烁的光。暗黑的坟场最容易见到这种磷光，因为野兽常会把坟中的骨头扒出来，使之暴露于空气中。墓地磷火闪烁的事实，无疑会增加恐怖的联想效果。因此有人把矿物的磷涂在衣物上，跳起舞来，碧绿的光点左右前后飘动，就会有坟场

图3-35

石雕蹲狮，高25.3厘米，陕西历史博物馆藏。北周，公元557~公元581年

图3-34

沙岩石狮子，长37厘米。唐，公元7世纪晚期至8世纪早期。早期印度的佛教已采用狮子作为佛陀神力的隐喻，叙述狮子吼可唤醒迷途的众生。由于佛教以之作为护法及圣地的守卫者，狮子的形象也因之传遍东亚

鬼影憧憧的气氛。新葬的骨发不出磷光，只有多年的朽骨，其所包含的磷才会暴露而发光。所以在人们的心目中，无疑只有魔力更大的老精物才会发磷光。所以意义为老精怪的“魅”字：，就是戴面具的鬼身上有闪闪的碧绿磷光的样子。

鬼 guǐ = 鬼

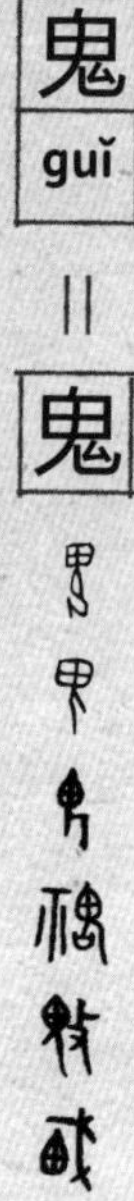

一个人戴有巨大面具的形象。

异 yì = 异

头戴着面具而两手上扬挥舞的鬼。

褮 yīng ＝ 褮

鬼衣，衣服有多处火光的样子。

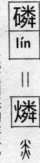

磷 lín ＝ 燐

一人身上光点闪烁的样子。

魅 mèi ＝ 魅

意义为老精怪，戴面具的鬼身上有闪闪的碧绿磷光的样子。

金银打造，贵重无比的舍利宝函

图3-36所示这件唐代的舍利容器是尸身火化后的一组埋葬具。最外头是一个重达327千克的大理石函，里头如图3-36所示，依序自右而左，以大套小，存放着鎏金铜匣、银椁、金棺、玻璃舍利瓶。金、银、玻璃在唐代都属于贵重的材料，因此遗骸一定是属于当时社会的高阶层人士。

这一组埋葬具是为了玻璃瓶内所装的舍利而设。舍利乃音译自梵文，意为人身的骨头。佛教人士因为长期坐息与特殊的饮食习惯，体内聚积多量石灰质，火化后比较容易烧结成坚硬的小结晶粒。因为晶粒小，所以又名为舍利子。这些坚硬的小块，不容易被击碎或再烧熔。僧众比较常火化而烧出舍利子，所以以为那是得道高僧的光明见证。就像商代的占卜师，晓得把牛骨中的骨胶原去掉，很快就可以烧灼显兆。而一般人不晓得处理骨头，怎么烧也显不出兆纹来，所以觉

高僧的归处
舍利容器组

3-36
唐代舍利容器一组，由右至左为鎏金铜匣、银椁、金棺、玻璃舍利瓶
铜匣长12.3厘米，宽12.3厘米，高13.2厘米，重590克
银椁长8.4厘米，宽8.4厘米，高9.3厘米，重350克
金棺长7.5厘米，宽5.4厘米，高6厘米，重110克
唐，公元618～公元907年

得占卜师法力无边。佛教的信徒们见到高龄的和尚才能烧出舍利子，就大为钦佩。而且供养僧众、修建庙塔都被拿来宣扬为谋求来生安乐的手段，因此不惜花费，竞为出资修建庙塔以表敬意、以积功德。《魏书·释老志》就记述了佛教徒的这种习俗，表明至少自三国时起就可能有信徒这么做了。

舍利本专指佛陀的神迹，后来泛指众佛教徒火化后的遗骸。这一组埋葬器具所费不赀，想来非一般人有能力负担的，当然是信徒们集资为高僧所购置。

在金属中，金与银的储存量稀少，富于光泽，不受空气温潮的影响，不容易氧化而腐蚀。外观和赋性都与他种物质很不一样，容易引起人们的注意。尤其是它们以相当纯的状态存在于地表，而且易于加工，不必通过高热熔炼就能取得。所以从很早开始，金、银在很多社会就被视为贵金属，以之打造装饰物或作为交换的通货。环地中海的古文明于5500年前就开始用金、银了。

商代的青铜铸造业已经非常发达，其精美的程度不亚于当时其他任何国家的金属器物。当时的知识足以了解金、银的优异性质而广加利用。但是迄今只发掘到少量小件饰物以及包金箔的器物，银器则根本没有见过。

华北地区因为金、银的储藏量少才少见使用。春秋末期楚国积极参加中原的政治后，其丰富的金、银储藏才能供应各国日常的流通，除被选为大宗交易的通货外，也出现大量的鎏金器物。战国时期金、银器的制造是历史的第一次高峰，但其数量、种类和精美度都远远比不上唐代。唐代的制品还触及日常生活的每个细节，不像以前的时代只及于奢侈品。器物制造的精美与国力的强盛、社会的安定和经济的繁荣有绝对的关系。中国古代对外的贸易，从来没有像唐代那么兴盛过。各色各样的中、西亚人士，通过丝绸之路来到中国进行贸易。也许是他们带来大量的金、银以交换中国的丝绸，使得金、银在作为高价的通货媒介以外，还有大量的剩余，可以用来打造提高生活品位的各种用具。

图3-37

鎏金如来说法盝顶银宝函，高16.2厘米，重1666克，陕西省法门寺博物馆藏。唐，公元618～公元907年

图3-38

捧真身银菩萨，高38.5厘米，重1926克，陕西省法门寺博物馆藏。唐，公元618～公元907年。发愿文共十一行六十五字：奉为睿文英武明德至仁大圣广孝皇帝，敬造捧真身菩萨永为供奉。伏愿圣寿万春，圣枝万叶，八荒来服，四海无波。咸通十二年十一月十四日皇帝延庆日记

同场加映

肆 同场加映

描『画』图样学刺绣

出土的起源故事绢画，作用为何

国力强盛、热爱金银的大唐

描“画”图样学刺绣

古代楚国所管辖的湖南、湖北地区，由于环境潮湿，保存了一些纺织品。图4-1所示这件残片是出自有名的西汉马王堆一号墓，虽然埋藏了2000多年，出土时仍鲜艳如新。材料是平纹地而用斜纹起花的绮丝织品。乘云绣与信期绣、长寿绣都是汉代以涡漩线条为主要纹样的刺绣类别。乘云绣的花纹是由各种卷绕的弧线所构成，有如变化多端、缭绕翻腾的云气。云气缭绕的高山是仙人所居住的地方，在汉代具有成仙高寿的象征，所以非常流行。这件残片在黄色的背景上，用黑、褐、棕、金丝四色套绣成为流利洒脱、不滞呆的流云状，展现出

创造衣制的作用 彰显地位

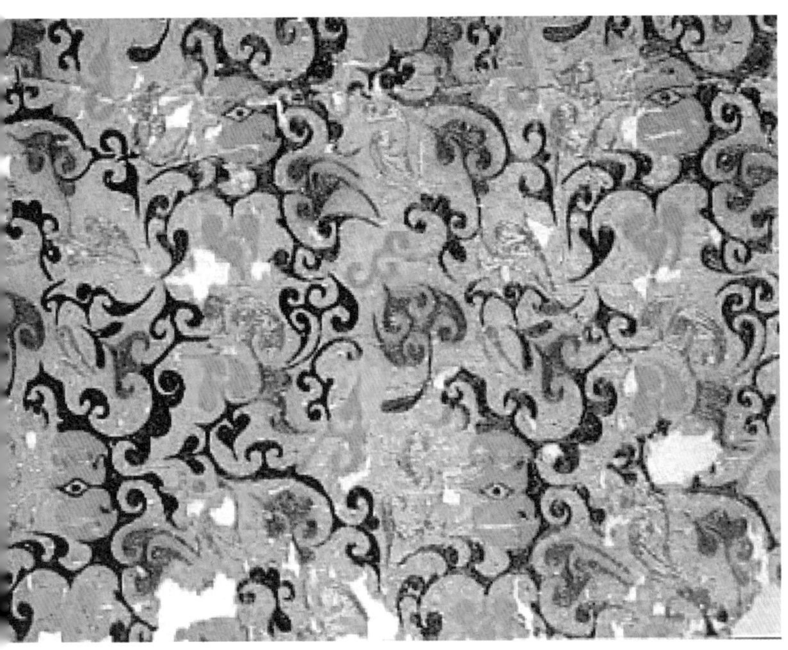

图4-1
黄绮地乘云绣残片，湖南长沙马王堆一号墓出土，约公元前2世纪。湖南省博物馆藏

高度的技巧与水平。

除非气候条件极端，只要食物和水的来源不缺，人类能在地球的任何地区生活，因为人们晓得利用动物的皮毛，或植物的纤维来缝制衣服，以适应不同季节的气候变化。辽宁海城一个4万至2万年前的遗址出土了三根骨针，长度在6.6～7.74厘米，孔径在0.07～0.21厘米之间，说明中国人很早就懂得使用针线缝制遮身的衣物了。

人类最初制作衣服的目的大半是为了御寒。某些地方则可能出于伪装捕猎的需要。在酷热的地区，衣服甚至是一种累赘。但几乎所有的早期社会，都有穿用衣物的习惯。农业发达的地区，少数个人积聚的财富比他人多，自然形成了身份的差异。衣服也就有了新的用处，用以标识日渐明显的地位差别。当社会的阶级差异扩大，衣服更跟着起了政治的作用。处处要表现高人一等的贵族阶级，自然会想办法对衣物加以修饰以赏心悦目、区分等级。传说黄帝首先创造衣制，大概就是为了起这种作用。

在织机尚无法编织艳丽多彩的繁缛图案前，使衣服变美丽的方法不外乎染色、涂绘、刺绣及佩戴装饰物。染色虽可使丝帛有缤纷的彩色，但不容易染成所希望的图样。用丝线刺绣及用颜料涂绘就可解决其难题。图绘的颜料容易褪脱，但刺绣太费工，所以大都只在衣领、袖缘、衣缘、宽带等处刺绣而已。衣缘所绣的图案以几何形为多，所以甲骨文“黹”字：，就作两个己形图案相背或勾连的形状。这些图案是事先绣好或已纺织好的狭窄长条，以之缝边可以防止布帛丝线绽散且又美观。这些绣好的衣缘条是上级赏赐下属，以志荣庆及权威的东西，不是可以随意使用的。《礼记·郊特牲》就说中衣有丹朱、绣黼是大夫的僭制。刺绣是衣制的重要内容，汉代文献反映其价格比织锦还要高。

绣花是利用不同颜色的丝线，在布上绣出美丽的图样。金文的“肃”字：，作一手拿着一支笔画出复杂的图样之形。描图样是刺绣的第一步工作。图样没有打好，刺绣就难完美。刺绣时还要专心谨慎从事，所以引申有肃敬、严肃等含义。商代虽然尚未见到肃字，但

图4-2

波斯含绶鸟织锦，45厘米x5.5厘米、48.5厘米x4.8厘米。唐，公元618～公元905年

图4-3

绿地鸳鸯栖花纹锦，长41厘米，宽24厘米。唐，公元618～公元905年

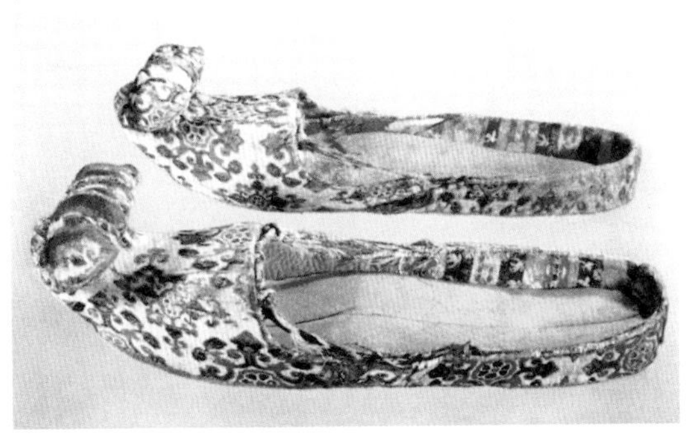

图4-4

云头锦鞋，长29.7厘米。隋唐，约公元7～公元9世纪

有“画”字：，手拿着笔，画一个交叉的图案，只是所画的图案较“肃”字简单而已。商代人物雕像的衣缘有几何形的图案，衣服上也有图像花纹，应该大都是刺绣而不是涂画或编织出来的。

图4-5

清缂丝织金锦吉服蟒袍，长146厘米。约公元1680～公元1700年

图4-6

清刺绣织金锦妇女常服，长138.5厘米。约公元1890～公元1900年

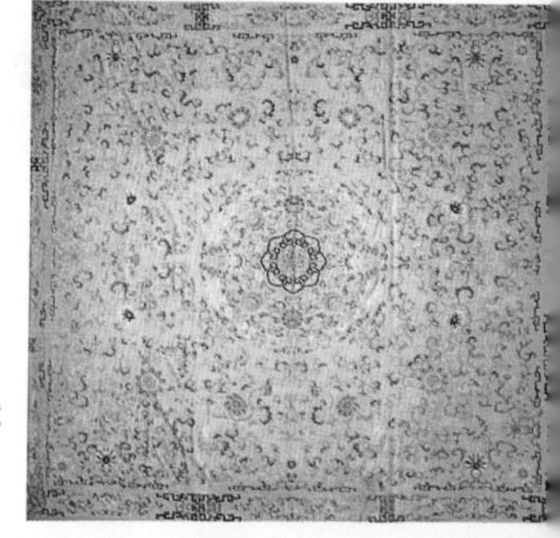

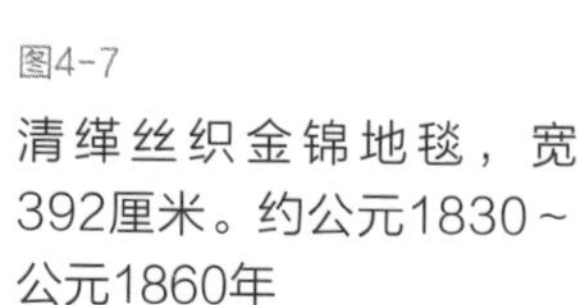

图4-7

清缂丝织金锦地毯，宽392厘米。约公元1830～公元1860年

黹 zhǐ = 黹

两个己形图案相背或勾连的形状。

肃 sù = 肅

一手拿着一支笔画出复杂的图样。

画 huà = 畫

手拿着笔，画一个交叉的图案。

出土的起源故事绢画，作用为何

图4-8中这幅绢画上的两位人物，右边是男子，头上结发而戴袱头，举左手并持拿画直线的矩；左边是女子，头梳髻，举右手并持拿画圆圈的规。男的右手与女的左手相搭在肩部。两人上身都穿着宽袖短衣，但两腰部相连而穿裙子，下体为蛇身而交尾，相互纠缠如丝束。头上画日，脚下画月，四周满布星座。这两个人是中国人的创生始祖，伏羲与女娲。他们的作用是保护墓中的死者。

在汉代墓葬的画像石中常见雕刻伏羲与女娲的形象，有时规与矩被替代成为日与月而高举在手上，一般不出现星宿的图像。也常见西

保护死者
伏羲与女娲图像

图4-8

彩绘伏羲女娲绢画，长209厘米，宽105~83厘米，新疆阿斯塔那出土。唐，公元618~公元905年

王母、神山景物、执戟武士、车马行列等的内容。画像石上的图案带有保护死者魂魄，象征生前威仪，希望来生继续享用等意义。以伏羲与女娲图像保护死者的观念，不知何时传到游牧民族的地区，并改变为绢画的形式。新疆吐鲁番地区从公元五六世纪高昌时期开始在墓室内陈放彩绘伏羲女娲绢画，一直到唐代，这样的墓葬都有发现。

传说伏羲和女娲是中国民族与婚姻制度的创造者。《古史考》记载："伏羲制嫁娶，以俪皮为礼。"俪皮即一对鹿皮。《风俗通义》则记载繁殖人类的方法，说女娲治平洪水而天地刚开辟，尚没有人民，女娲就捏黄土做人，由于没有时间及耐性继续塑造，于是把绳子放到泥中，一抖绳子，一滴滴小泥巴都变成人，所以也有了富贵与平庸人的分别。这个神话或许可以理解为人终不免一死，所以女娲创立婚姻，让人们自己去繁衍后代。

台湾地区的南势阿美人有创生神话，一对兄妹是日和月神的子孙。他们共同乘坐一个木臼逃避洪水灾难而漂流至台湾，却发觉他们是人类仅存的两人，为了让种族能继续繁衍，只好结为夫妇。但是他们的氏族有兄妹不许接触腹部与胸部的禁忌，一直不敢发生关系。有一次哥哥打到一只鹿，就剥下鹿皮晒干，并在上头挖个洞。这样一来，兄妹的身体就可以用鹿皮隔开，不破坏禁忌而达到交配繁衍的目的，所生的子女也分别成为许多部族的祖先。

阿美人的创生神话与汉族的伏羲、女娲的传说有许多共同点。例如都与日月有所关联，发生在洪水之后，主角都是兄妹兼夫妇，鹿皮是成就婚姻的重要媒介，都与蛇有关。阿美人故事的男主角在语音学上与伏羲属同一个演化的范围。兄妹遭遇洪水，通过各种巧合而繁衍人类的故事，屡见于中国各民族的传说。其中以阿美人的传说最接近事实，也合理解释了鹿皮在婚礼中的作用。以鹿皮隔身体而不破坏禁忌，很符合蒙昧时代人们的心态。

中国的文明人对于古代社会发生过的事情，虽然有意加以隐瞒，但并不能去除一切与之有关的习俗。所以鹿皮与婚姻礼仪的关系，被模糊地保存到后世。只有在未完全开化的社会，不晓得文饰，因此以鹿皮隔离身体的真相才被保存下来。

图4-9

画幡，长205厘米，湖南长沙马王堆一号墓出土。公元前2世纪

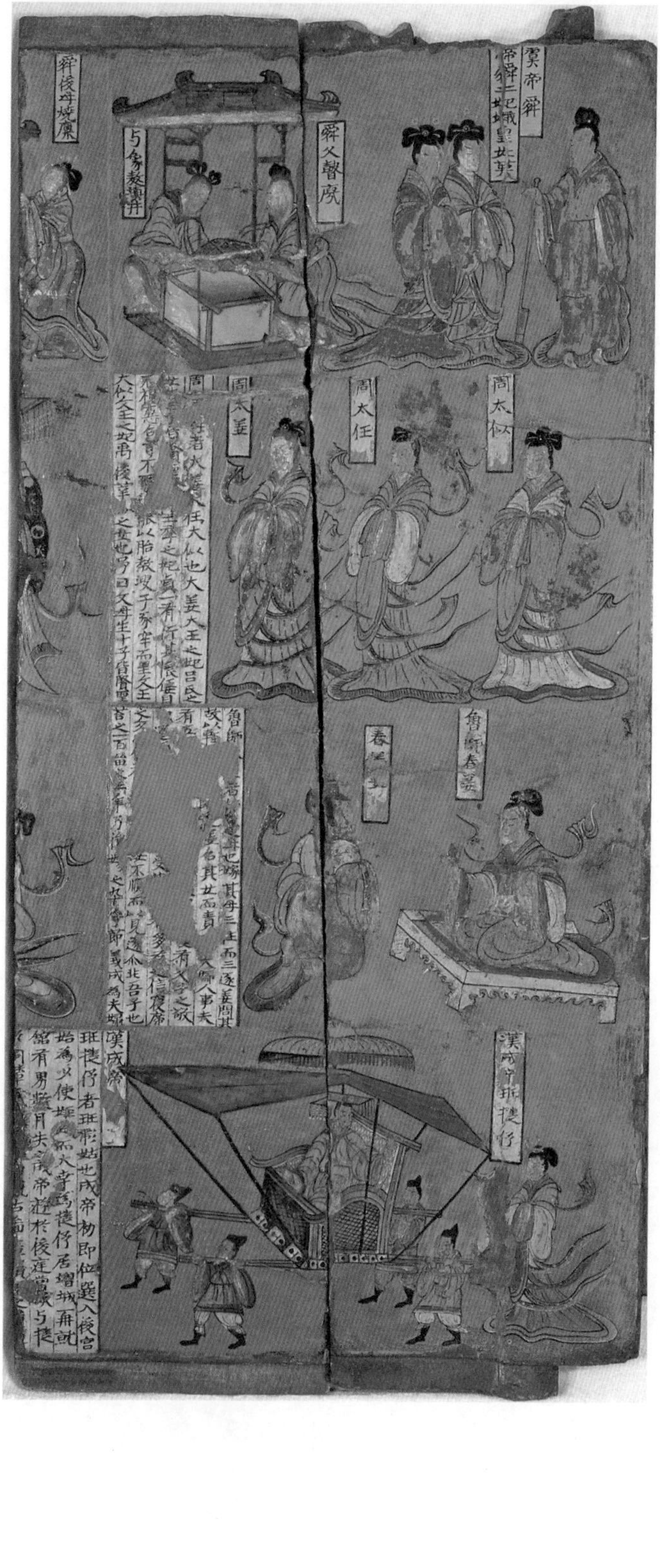

图4-10

列女古贤故事画屏风，每块长约80厘米，宽约20厘米，厚约2.5厘米，大同市博物馆藏。北魏，约公元5～公元6世纪

图4-11

墓道壁画客使图，唐，约公元7～公元9世纪

图4-12

墓道壁画侍女图，五代，约公元10世纪

图4-13

壁画演乐图，辽，公元907～公元1125年

国力强盛、热爱金银的大唐

图4-14所示这件六瓣形的圆盘是使用锤打的方式成形的。主题花纹中的熊，也是细心地从盘的背后敲打，使慢慢浮现出一只仰首张口、壮硕强悍的熊的躯体。打磨后再用鎏金的方式，将熊做成金黄的颜色。如此黄白辉映，花纹就倍觉突出耀眼。这是唐代常见的装饰手法，少见于之前的时代。而且，以白银为主要材料，普遍制作各类日常生活用品，在中国，也可以说是唐代所特有，以前只偶尔为之。这应该是有原因的。

在金属中，金与银的特质最为相似，储量稀少，富有光彩，环地中海的一些古代文明，至迟于6000年前就使用金、银打造的饰物。中

大量使用贵金属
鎏金银盘

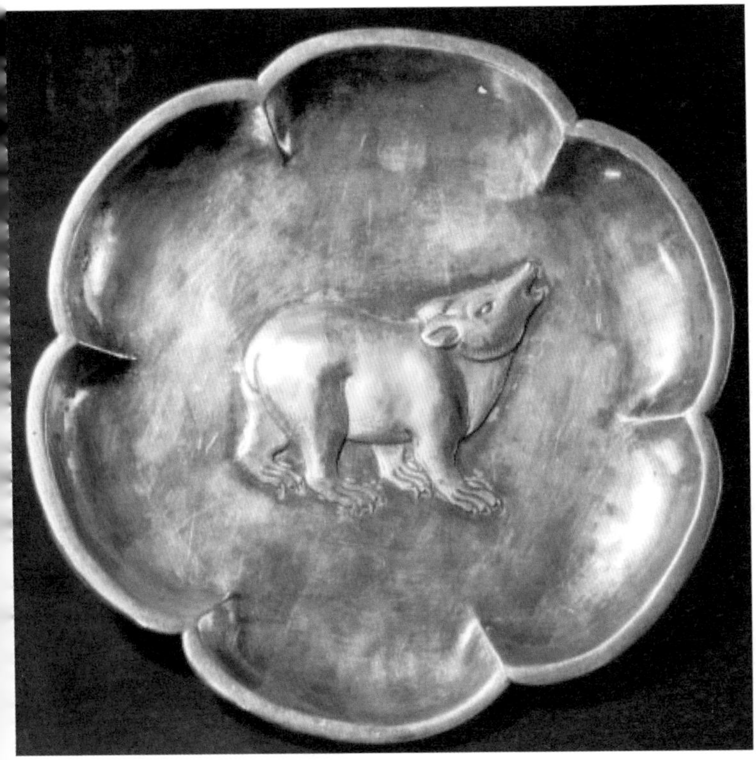

图4-14
鎏金熊纹六曲银盘，高1厘米，径13.4厘米，重140克，陕西历史博物馆藏。唐，公元618～公元907年

国对于这两种贵金属的认识和使用，依目前的数据看，黄金的使用起码迟1000年以上，白银的使用也同样晚，而且更为稀少。商代的青铜铸造业已非常发达，精美的程度不输于西方，以当时的冶金知识，应可充分了解金银优异的性质而广加利用。可是，商代虽然已使用黄金制作小件器物，但其量和青铜器物比起来，还不到百万分之一。银制品更少见，除了一件镶嵌金、银丝的传世车轴饰，还不见其他发掘出土的报告。这可能是因为中国境内没有丰富的金银储藏，才使中国有异于其他文明，选择了玉作为财富与身份的象征。

商、周时期用什么称呼金与银，现在还不清楚。西周昭王时期的

图4-15

嵌镶珠宝金项链，周长43厘米，中国国家博物馆藏。隋，公元581～公元618年。内中镶嵌的青金石原产于中亚阿富汗，而项链又极具波斯风格，因此一般认为它是由“丝绸之路”传入中国的

图4-16

蔓草鸳鸯纹银羽觞，长10.6厘米，宽9.6厘米，高3.2厘米。唐，公元618～公元907年

“叔卣”铭，提及赏赐白金，很可能就是指白银。战国时期就有以白金指称白银的例子。春秋中期的银制空首布货币曾有出土。一般从装饰品演进到通货需要相当久的时间，欧洲约经3000年的时间，才把金、银发展成为货币。如果以同样的进度看，似乎中国认识金、银的时代比起欧洲晚不了太多。但就算到了战国时期（已有好多件此时期的纯金制作的器物出土），银却依然还是仅作为装饰金属器物的花纹、增加颜色的陪衬角色而已。银的色泽亮白，最具反光效能。擦亮

图4-17

鎏金刻花银锁，长12.2厘米。唐，公元618~公元907年

图4-18

鎏金舞马衔杯纹皮囊形银壶，高18.5厘米，陕西历史博物馆藏。唐，公元618~公元907年。壶底有墨书“十三两半”，标明了它的重量是唐制十三两半

时，可反射95%的可见光线。它也容易加工，延展性仅次于金，欧洲人很早就已用之打造镜子。中国就是太少银，所以只利用青铜。

古印度以银制作器物最为有名，行销各国。中国自东汉接触佛教，也开始接触印度的器物，其中应该也有银制的器物。南北朝时，接触西亚的机会更多，西亚也有很好的银器。当时虽常见描述外国人生活的内容或纹饰，但是都没有对中国金、银器的使用产生影响。但一进入唐代，银器竟然变得常见，必然另有原因。

图4-19
舞伎纹八棱金杯，高5.9厘米，重300克。陕西历史博物馆藏。唐，公元618～公元907年

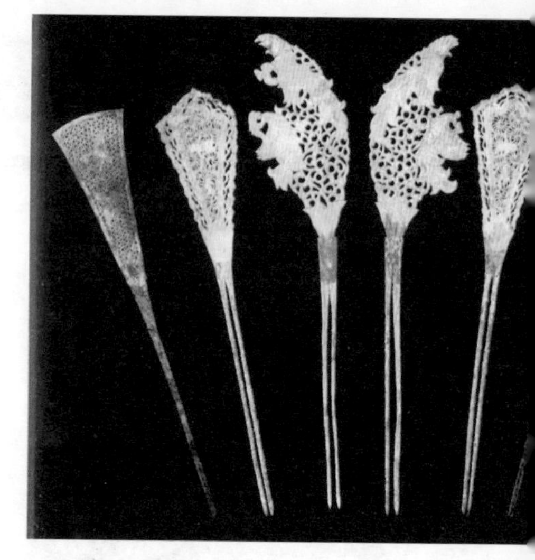

图4-20
鎏金银簪与钗，长33～29厘米。唐，公元618～公元907年

唐代的帝王具有异族的血统，招揽很多邻近的民族加强大唐的国威。中国的丝绸风靡欧洲，很多商人为此而来。中国特地在长安城里开辟西市，作为与外国人贸易的专区，引来大量的西亚与南亚人士从事商业活动。中国对于外国没什么必要的需求，而商贾跋涉沙漠，远途而来，携带量轻价高的交易品才合算。可能在这种情况下，引进了大量的白银，因此才容许社会以贵重的白银制作日用器具。盛唐之后，经济受到破坏，对外的贸易也大受影响。银的来源不继，只能作为贵金属货币而无法大量制作日常器具了。

图4-21

鎏金龟负论语玉烛银酒筹筒，高34.2厘米，长24.6厘米，江苏省镇江博物馆藏。唐，公元618～公元907年

图4-22

鎏金镶珠展翅银鸟，高18.5厘米，重125克，云南省博物馆藏。宋，公元960～公元1279年

图4-23

鎏金银冠，高31.4厘米，内蒙古自治区文物考古研究所藏。辽，公元947～公元1125年。这件鎏金银冠是辽景宗孙女的随葬明器

图4-24

舍利子金塔，高11厘米，辽宁省文物考古研究院藏。辽，公元907～公元1125年

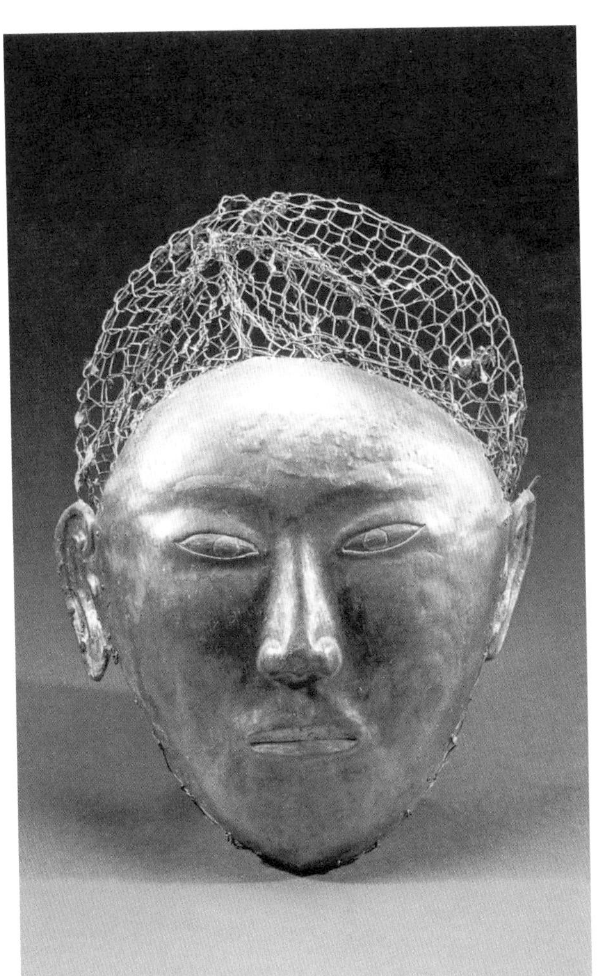

图4-25

金面具，高21.7厘米，宽18.8厘米，内蒙古自治区文物考古研究所藏。辽，公元907～1125年。辽代的契丹贵族为了保护死者的面容、身体不致腐朽，有用面具覆盖死者的面容，以银丝包裹尸身的风俗。普通的面具为铜质、鎏金铜或银质，而这件面具则是以黄金制成，可见葬礼规格之高

图4-26

十二龙九凤冠，高32厘米，明孝靖皇后，定陵出土。公元16世纪。通高48.5厘米。蓝色的鱼狗羽毛

图录

毅沉着、地位崇高：将军俑

p.007

彩绘灰陶将军俑，高 197 厘米，兵马俑二号坑出土，陕西省秦始皇兵马俑博物馆藏。秦，公元前 221 ~公元前 206 年

随时备战的军士：轻装士兵

p.011

白衣彩绘灰陶跽射军士俑，高 122 厘米，陕西临潼秦始皇陵兵马俑二号坑出土，陕西省秦始皇兵马俑博物馆藏。秦，公元前 221 ~公元前 206 年

宛如真人：宫廷奴仆的塑像

p.015

彩绘灰陶跽坐俑，高 65 厘米，陕西临潼秦始皇陵陪葬坑出土，陕西历史博物馆藏。秦，公元前 221 ~公元前 206 年

p.015

图 1-3 前视像

p.016

舞队陶俑，高 5 厘米，山西长治出土。战国，公元前 403 ~公元前 221 年，山西博物院藏。制作朴拙，各有姿态

p.017

灰陶将军俑，高 196 厘米，兵马俑 2 号坑出土。秦，公元前 221 ~公元前 206 年

p.017

灰陶立射俑，高 186 厘米，兵马俑 2 号坑出土。秦，公元前 221 ~公元前 206 年

p.018

灰陶马与牵夫俑，俑高 180 厘米，马长 200 厘米。秦，公元前 221 ~公元前 206 年

p.019

灰陶，或加涂白土及彩绘的男女侍俑。最高 44.4 厘米。西汉，公元前 2 世纪

踏石留迹：汗血宝马

p.021
赭衣灰陶马俑，高 24.3 厘米，加拿大皇家安大略博物馆藏。西汉，公元前 2 ～公元前 1 世纪

栩栩如生：
指挥大军的军士

p.025
白衣彩绘灰陶举手军士俑，高 55 厘米，陕西咸阳杨家湾出土，咸阳博物院藏。西汉，公元前 206 ～公元 25 年

p027
铅釉红瓦陶骑马射俑，高 31.4 厘米。汉，约公元前 50 ～公元 50 年

流行的休闲：六博游戏

p.029
铅釉陶六博游戏俑，最高 16.4 厘米，加拿大皇家安大略博物馆藏。东汉，约公元 100 ～公元 220 年

p030
汉代画像石上的博局游戏图

惊险刺激的表演：
杂耍倒立

p.033
白衣彩绘三人倒立杂技陶俑，高 24 厘米，河南洛阳出土，洛阳市文物考古研究院藏。东汉，公元 25 ～公元 220 年

夸张逗趣的表情：
说唱俑

p.037
击鼓说唱灰陶俑，高 56 厘米，四川新都出土，成都市新都区杨升庵博物馆藏。东汉，公元 25 ～公元 220 年

p.039
击鼓俳优俑，高 66.5 厘米
川成都郫都区出土，四川
院藏

p.040
白衣灰陶娱乐俑，最高 21.
米。东汉，公元 1 世纪中期
世纪

p.040
彩绘乐舞杂技陶俑，长 67 厘
宽 47.5 厘米，中国国家博
藏。西汉，公元前 206 ～
25 年

)41
俑陶俑，高 36 厘米。东汉，
川省博物馆藏。公元 25 ~公
220 年

奢的墓葬：
心雕琢的画像砖

)43
画像石，长 103 厘米，宽
~ 55 厘米，厚 18 厘米，山
嘉祥县文管所藏。东汉，公元
~公元 220 年

p.046
黑龙纹空心瓦砖，长 100 厘米，宽 38 厘米，厚 16.5 厘米，秦一号宫殿出土，公元前 221 ~公元前 207 年

p.047
压印狩猎纹三角形空心灰陶墓砖，长 167 厘米，西汉，公元前 206 ~公元 25 年

p.047
雕塑羊头压印园圃纹屋檐形灰陶墓砖，高 60.5 厘米，西汉，公元前 206 ~公元 25 年。常摆在两件三角形墓砖之间作为中心柱

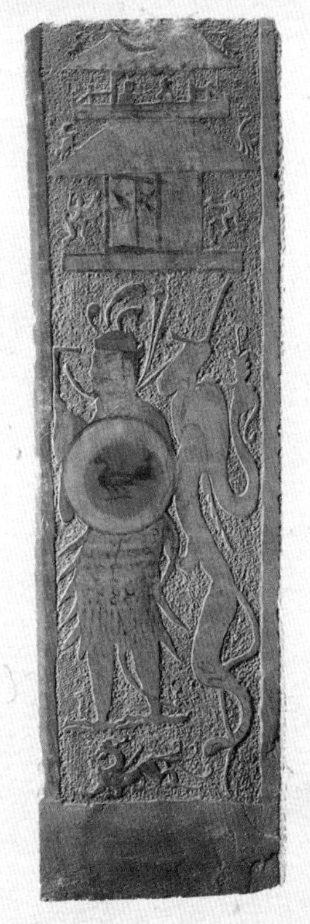

p.047
彩绘画像石，东方天神勾芒纹，陕西神木大保当汉代墓葬出土，东汉，公元 1 ~ 3 世纪。作用与空心瓦砖同

p.049
铅绿釉红陶塔楼，高 120 厘米，加拿大皇家安大略博物馆藏。东汉，公元 2 世纪中期至 3 世纪早期

p.051
绿釉陶楼，高 114 厘米，山东高唐出土。东汉，公元 1 ~ 3 世纪

p.052
红陶城堡房屋四面，高 28.2 厘米，宽 39.5 厘米，底 41.3 厘米，广州出土，中国国家博物馆藏。汉，公元前 221 ~公元 220 年。东汉时形制大致相似，墙面有漏孔的装饰，反映南方建筑特色

p.054
各式随葬铅绿釉红陶日用模型俑：分别为灶炉、碓磨、猪圈。最高 16.5 厘米，加拿大皇家安大略博物馆藏。东汉，公元 1 世纪晚期至 3 世纪

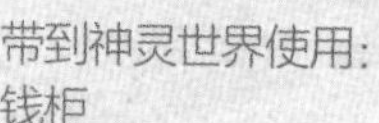

带到神灵世界使用：
钱柜

p.055
铅绿釉陶钱柜模型，高 18.9 厘米，加拿大皇家安大略博物馆藏。东汉，约公元 100 ~公元 220 年

p.056
陶仓，分别高 43、44 厘米，河南洛阳出土。西汉，公元前 3 至公元 1 世纪。有“大豆万石”“大麦万石”等铭文，作为明器使用

p.056
灰陶猴俑，高 14.1 厘米，陕
省西安市文物局藏。西汉，公
前 206 ~公元 25 年

p.057
石田塘，长 81 厘米，宽 48 厘
高 11 厘米。东汉，公元 1 ~
世纪

)57
釉瓦陶桃都树俑，高 63 厘米，
南博物院藏。西汉，公元前
5 ~公元 25 年。据古代文献，
都山上有大树，名曰桃都，枝
去三千里，上有一天鸡，日初
光彩照木，天鸡则鸣，群鸡
随之鸣

)57
船，高 16 厘米，长 54 厘米，
州出土。东汉，公元 1 ~ 3
纪。前有碇，后有舵，船上 6
依人身高比例换算，船长可
14 ~ 15 米，载重约 500 斛
上，甲板布置 6 组矛与盾

格外豪华的座驾：褐釉红陶牛车

p.059
褐釉红陶牛车俑，高 39.5 厘米，长 45.8 厘米，加拿大皇家安大略博物馆藏。北朝至隋，约公元 6 世纪中期至 7 世纪早期

p.060
陶牛，高 34.5 厘米，长 36 厘米，太原娄睿墓出土。北齐，公元 386 ~公元 534 年

p.061
白衣、加彩或上釉的瓦陶牛车俑。最高 39.5 厘米。西晋至唐，公元 3 世纪中期至 7 世纪中期

大量翻造：武士陶俑

p.065
釉上贴金彩绘白陶武士俑，高 71.5 厘米，郑仁泰墓出土，陕西历史博物馆藏。唐，麟德元年（公元 664 年）

p.066
高 72.5 厘米，张士贵墓出土，陕西昭陵博物馆藏。唐，公元 618 ~公元 907 年

p.066
高 72.5 厘米，加拿大皇家安大略博物馆藏。唐，公元 618 ~ 907 年

p.067
彩绘贴金瓦陶文官俑，高 68.5 厘米，郑仁泰墓出土。唐，公元 618 ~ 公元 907 年。陕西昭陵博物馆藏

p.068
三彩釉白色陶外国骑士俑，高 43 厘米。唐，公元 8 世纪早期。在洛阳龙门一个于公元 709 年埋葬的安菩夫妇墓葬，发掘到一件与此件几乎在尺寸、颜色、风格上一模一样的陶俑。这件也传言是得自洛阳

p.068
胡人陶俑，高 26.2 厘米，隋，公元 581 ~ 公元 618 年。河南博物院藏

p.068
携鹰犬的骑马猎者俑，最高 33 厘米。唐，公元 8 世纪早期

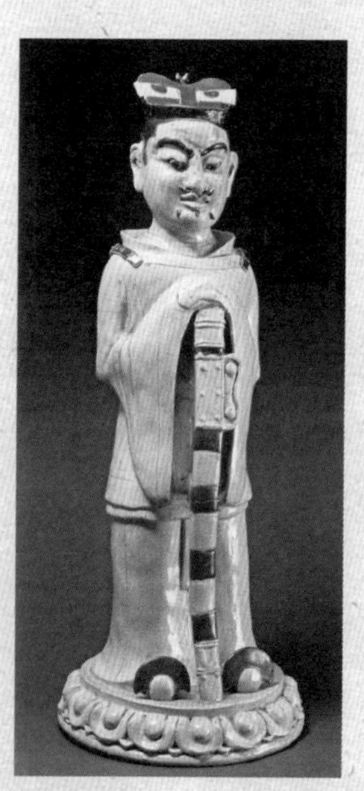

p.069
白釉黑彩侍吏俑，高 71 厘米，河南博物院藏。隋，公元 581 ~ 公元 618 年。这是在白釉上最早装饰黑彩的瓷器作品，为中国北方瓷器白釉黑彩装饰开了先河

p.069
天王俑，三彩釉白陶，高 104.5 厘米。唐，公元 8 世纪早期

p.069
三彩镇墓兽，高 130.2 厘米，甘肃省博物馆藏。唐，公元 618 ~ 公元 907 年

玉鞍初跨柳腰柔：
马球女骑俑

p.071
三彩铅釉瓦陶马球女骑
长 34.2 厘米，加拿大皇家
大略博物馆藏。唐，约公
695 ~ 公元 715 年

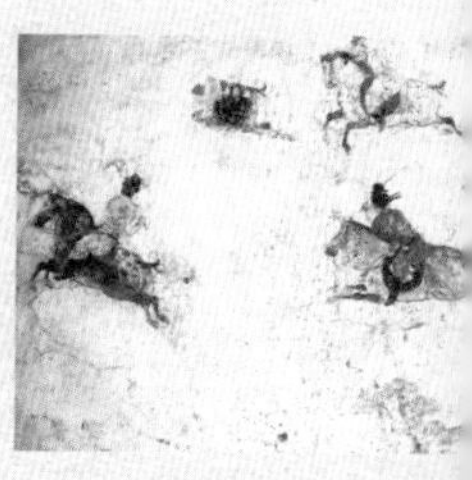

p.073
唐章怀太子墓马球图壁画部分
完整画面高 229 厘米，宽
厘米，约景云二年（公元 711

p.073
马球群俑，通高 30 ~ 33.5 厘
陕西西安出土。墓主人死于
元年（.公元 692 年），时年
16 岁

的解放：
活动的妇女

75
绘釉陶妇女骑俑，高 37.3 厘
长 26 厘米，陕西礼泉郑仁
墓出土，陕西历史博物馆藏。
约公元 664 年

77
绘瓦陶女侍骑俑，最高 27.7
米。唐，约公元 725 ~ 公元
年

p.077
彩绘帷帽女骑陶俑，高 45 厘米。唐，公元 618 ~公元 905 年

p.078
三彩釉白陶妇女俑，最高 42.8 厘米。唐，公元 8 世纪早期

p.078
三彩釉陶妇女俑，高 44.5 厘米。唐，公元 618 ~ 公元 907 年。陕西历史博物馆藏

p.078
彩绘帷帽女陶俑，高45厘米。唐，公元 618 ~ 905 年

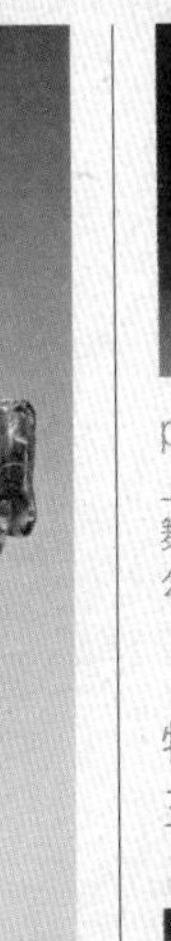

p.078
上釉的白色与乳黄色陶女乐师与舞师俑，最高 26.1 厘米。唐，公元 7 世纪后期

特别的赏赐：
三彩釉陶马

p.081
三彩釉白陶马与马夫俑，最高 75.5 厘米，加拿大皇家安大略博物馆藏。唐，公元 8 世纪早期

p.081
飞风字样

p.083
白衣彩绘或上釉瓦陶马俑，最高55.5 厘米。北魏至唐，公元6世纪早期(左)，公元7世纪(右)，8世纪早期(中)

p.084
白陶马，高49厘米，长46厘米，陕西省乾陵博物馆藏。唐，公元618 ~公元907年

p.084
蓝釉陶驴，高 23.5 厘米，长26.5厘米，中国国家博物馆藏。唐，公元618 ~公元907年。唐代的蓝釉俑很难得

造景逼真写实：假山水池

p.087
三彩釉瓦陶假山水池，高 18 厘米，陕西西安出土。唐，约公元700 ~公元750年

p.089
房屋俑全景图

精致细腻的分工：金漆奁

p.095
银扣彩绘云气描金漆奁，奁高23.8 厘米，直径 15 厘米，安徽天长出土。西汉，约公元前200 ~公元前100年

p.096
土泥胎漆妆奁及盒，最大径16.2 厘米。西汉，约公元前200 ~公元前100年。上有铜条加固

丹朱涂壁漆万华：羽觞耳杯

p.099
漆耳杯与盒，长 18.5 厘米，宽15.7 厘米，高 10.7 厘米，湖南长沙马王堆出土。西汉，约公元前200 ~公元前100年

p.100
云纹漆绘木案与杯盘，案60.2 厘米，长沙马王堆出
西汉早期，约公元前2世纪

p.102
定窑画花水波纹白釉瓷海
高 19.8 厘米。北宋，公
960 ~ 1127年

p.102
海螺可能是耳杯取形的源头

星象：
星辰的想象

4
二十八宿漆木衣箱，长 71
，宽 47 厘米，高 40.5 厘
湖北省随县出土，湖北省博
藏。战国早期，公元前 5 ~ 公
4 世纪

4
-7 箱盖图案

6
黄两色彩绘漆木内棺，长
厘米，宽 125 ~ 127 厘米。
，公元前 5 ~ 公元前 3 世纪

鼓不撤琴瑟：
定音

9
漆绘木瑟，长 167.3 厘米，
42.2 厘米，尾宽 38.5 厘米，
13.7 厘米，湖北省博物馆
战国，公元前 403 ~ 公元
21 年

p.111
锦瑟巫师戏蛇纹残片，残长 11.5 厘米，残宽 7.2 厘米，河南省文物考古研究院藏。战国，公元前 403 ~ 公元前 221 年，木胎，瑟首部分巫师头戴鸟形冠，张口做咆哮状，似鸟爪的双手各持一蛇，其前后各有一急奔的细腰女人

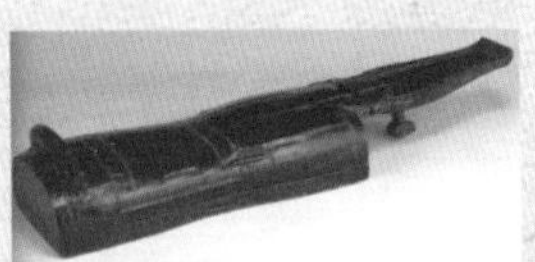

p.112
十弦琴，长 67 厘米，宽 19 厘米，高 11.4 厘米，湖北省博物馆藏。战国，公元前 403 ~ 公元前 221 年，木胎，由琴身和活动底板构成，琴身分音箱及尾板两部分，首端有十个弦孔

前进的信号：击鸣鼓

p.115
彩绘漆木虎座鸟架悬鼓，通高 86 厘米，鼓径 38.4 厘米，湖北省江陵县博物馆藏。战国，公元前 403 ~ 公元前 221 年

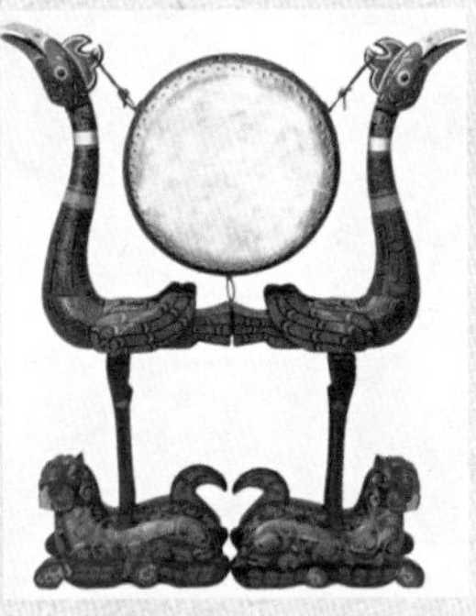

p.115
虎座鸟架悬鼓漆绘复原件

p.116
鹿角及漆绘木镇墓兽，高 96 厘米。东周，楚国，约公元前 500 ~ 公元前 300 年

p.116
漆绘木雕梅花鹿，高 77 厘米，湖北随州曾侯乙墓出土。战国早期，公元前 5 ~ 公元前 4 世纪

p.117
彩绘龙云纹单头镇墓兽，高（未计鹿角）17.5 厘米，湖北江陵雨台山 6 号墓出土。战国，公元前 403 ~ 公元前 221 年

来自南方的珍贵商品：印纹陶

p.121
勾连云雷纹硬陶兽耳瓿，高 12.9 厘米，口径 7.9 厘米，江苏无锡出土。西周，公元前 11 ~公元前 8 世纪

p.123
几何印纹灰陶罐，高 9 厘米，口径 11.5 厘米，上海青浦出土。春秋时期，约公元前 6 ~公元前 5 世纪

p.123
灰褐色夹砂双耳陶罐，高 12.9 厘米，口径 6.6 厘米，底径 6.2 厘米，云南德纳出土。春秋时期，公元前 8 ~公元前 5 世纪

从草灰中发现的辉煌：原始瓷器

p.125
黄绿釉压印席纹陶尊，高 27 厘米，口径 27 厘米，郑州出土。商中期，公元前 1500 ~公元前 1400 年

p.126
高 10.5 厘米，安徽出土。安徽博物院藏。西周中后期，公元前 950 ~公元前 771 年。胎质为高岭土。圈足地方不施釉彩，器内却全面施釉

p.126
圈棱纹青黄釉陶壶，高 14 厘米，重 0.6 千克，安徽屯溪出土。西周，公元前 11 ~公元前 8 世纪。烧成温度不高，质松软，釉彩不均匀

p.127
早期高温釉陶：右为草灰釉硬陶罐，左为青瓷硬陶虎子（尿壶）。最高 40.7 厘米。汉晋时期，公元前 1 世纪至公元 4 世纪前半叶

寄托人们的快乐希望：祥瑞温酒樽

p.130
黄釉陶尊，通高 22.2 厘米
径 18.3 厘米，内蒙古包头
包头市文物管理处藏。东汉
元 26 ~公元 220 年

p.130
浮雕祥瑞禽兽纹鎏金铜酒樽
25 厘米，口径 23 厘米，
右玉出土，山西博物院藏。
公元前 206 ~公元前 24 年

p.132
釉陶尊，高 14.5 厘米，郑州
商晚期，公元前 1400 ~公
1100 年

2
曲原始瓷尊，高 28 厘米，
27 厘米，郑州出土，郑
物馆藏。商中期，公元前
公元前 14 世纪

3
釉压印席纹陶尊，高 11.5
口径 18.3 厘米，郑州出土。
期，公元前 1500 ~ 公元前
年。部分有釉彩

死后的去处：魂罐

p.135
青釉瓦陶楼阙人物罐，高 46.6 厘米，浙江绍兴出土，浙江省博物馆藏。西晋，公元 265 ~ 公元 316 年

p.137
青釉衔环双系罐，高 23.8 厘米，口径 21.4 厘米，底径 13.7 厘米。西晋，公元 265 ~ 公元 316 年

p.137
青釉鸡笼，高 5 厘米，长 9 厘米，宽 6.5 厘米。西晋，公元 265 ~ 公元 316 年

p.138
青釉瓦陶鹰形双耳壶，高 17 厘米，南京博物院藏。西晋，公元 265 ~ 公元 316 年

p.138
青釉瓦陶神兽尊，高 27.9 厘米。西晋，公元 265 ~ 公元 316 年

p.138
青釉羊头双系柄壶，高 23.8 厘米，口径 21.4 厘米，底径 13.7 厘米。东晋，公元 317 ~ 公元 420 年。褐彩的氧化铁没有完全还原，显现黑褐色斑。羊眼加上褐斑，更加形象化。一般多见鸡头，少见羊头

p.139
越窑线刻青瓷熊形器座，高 7.8 厘米。西晋，公元 265 ~ 公元 316 年

p.139
长沙窑褐彩人物贴花壶，高 16.3 厘米，腹径 13 厘米，湖南省博物馆藏。唐，约公元 700 ~ 公元 900 年

p.139
青釉下刻花绿彩四系罐，高 23.5 厘米，河南博物院藏。北齐，公元 550 ~ 公元 577 年

p.140
带盖青绿釉陶壶，高 40 厘米，太原娄睿墓出土。北齐，公元 550 ~公元 577 年

p.140
青釉堆砌六系尊，高 67 厘米，口径 19 厘米，足径 20 厘米。北齐，公元 550 ~公元 577 年

p.141
贴花装饰的透明釉硬陶，最高 37.7 厘米。唐，公元 7 世纪

信仰的融合：神道与佛道兼具的骨灰罐

p.143
青釉下铁绘褐彩羽人纹双耳瓦陶盖壶，高 32.1 厘米，口径 12.6 厘米，腹径 31.2 厘米，底径 13.6 厘米，南京博物院藏。三国（吴），公元 222 ~ 公元 280 年

p.145
长沙窑釉下彩花鸟壶，高 22.7 厘米，口径 11 厘米。唐，公元 618 ~公元 907 年

p.145
长沙窑青釉褐斑贴花壶，高 22.5 厘米，口径 10 厘米。唐，公元 618 ~公元 907 年

p.146
长沙窑白釉下彩绘绿花瓷枕，高 9.5 厘米，长 16.5 厘米，宽 10 厘米。唐，公元 618 ~公元 907 年

p.147
图 2-45 长沙窑白釉下彩绘绿花瓷枕枕面

奉献钱财储积功德：佛教造像碑

p.151
灰砂岩佛教造像碑（离城大
高 224.8 厘米，加拿大皇家
略博物馆藏。北魏，公元 5

p.153
佛陀及菩萨造像石，高
厘米，长 47 厘米。隋，
589 ~公元 618 年

安眠的地方：
石屏

5
孚雕彩绘石屏，长 228 厘
宽 103 厘米，高 117 厘米，
西安出土。北周，大象元年
元 579 年）

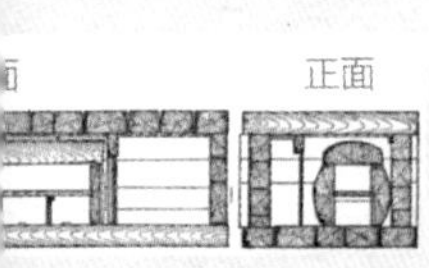

7
工陵九店东周墓椁内木棺的
与正面剖面图

7
浮雕彩绘石屏，左侧，长
米，高 68 厘米，厚 8 厘米，
以榫卯相接，有车马出行、
野宴图。公元 579 年

8
架。石灰石，长 210.2 厘
北齐，公元 550 ~ 公元
年

p.158
浮雕彩绘椁座，鱼国人，内容与
祆教礼仪有关

膜拜祈福雕刻塑像：
心灵的安慰

p.161
彩绘大理石阿弥陀佛立像，高 268.6 厘米，加拿大皇家安大略博物馆藏。隋，可能雕刻于公元 587 年

p.163
北齐彩绘石雕立佛，高 97 厘米，山东青州龙兴寺藏。公元 6 世纪

发型演变的过程：
阿弥陀佛石头像

p.165
阿弥陀佛石膏粉彩绘石灰石头像，高 42.5 厘米，加拿大皇家安大略博物馆藏。唐，公元 7 世纪晚期至 8 世纪早期

p.167
灰石佛陀头像，高 61 厘米，加拿大皇家安大略博物馆藏。明，公元 15 ~公元 16 世纪

p.168
鎏金青铜十一面观音（左）和释迦牟尼（右）立像。连座最高23.6 厘米。唐，公元 8 世纪

p.169
佛坐石像，高 79 厘米，山西省芮城县博物馆藏。唐，公元618 ~公元 907 年

p.169
佛禅定彩塑泥像，高 92 厘米，敦煌莫高窟 259 窟。北魏，公元386 ~公元 532 年。眼睛微闭沉思，神情恬静，双手作禅定印

p.169
影青釉瓷佛陀坐像，高 17 厘米。元，公元 1271 ~公元 1368 年

仔细刻画诸佛：只求了结因果

p.171
白大理石佛像龛，高 49.2 厘米，加拿大皇家安大略博物馆藏。唐，公元 678 年

p.173
彩绘贴金释迦牟尼石造像，高38.5 厘米，宽 27 厘米。南朝，公元 5 ~公元 6 世纪

p.173
有彩绘痕迹的灰色大理石佛座，高 142.2 厘米。明，15 世纪早期

p.173
三尊菩萨木像，中央为观两旁可能为文殊与普贤。195.6 厘米。明，公元 15

5
粉涂、彩绘及鎏金观音菩
雕，高 190.5 厘米，加拿
家安大略博物馆藏。金，
月昌六年”（公元 1195 年）
己

p.177
石膏粉涂、彩绘及鎏金的沙石南海观音像，高 113.7 厘米。明，公元 15 世纪

p.178
彩绘泥塑菩萨坐像，通高 74 厘米，浙江温州白象塔。北宋，公元 10 ~公元 12 世纪

p.178
白石观音菩萨坐像，高 73 厘米，陕西历史博物馆藏。唐，公元 618 ~公元 907 年

p.179
石雕观音菩萨头像，高 41 厘米。四川博物院藏。唐，公元 618 ~公元 907 年

p.179
观音鎏金铜坐像，高 53 厘米。吴越，公元 907 ~公元 978 年

p.179
观音鎏金铜立像，高 49 厘米。宋，大理国，公元 10 ~公元 13 世纪

神态安详自若：阿难罗汉

p.181
石膏粉彩绘大理石阿难罗汉立像，高 169.6 厘米。唐，公元 8 世纪中期

p.183
弥勒说法图，高 521.6 厘米，元大德二年（公元 1298 年）。弥勒佛两旁的和尚即为迦叶与阿难

p.184
白瓷罗汉坐像，高 27.5 厘米，内蒙古博物院藏。辽，公元 907 ~公元 1125 年

p.184
石膏粉涂、彩绘及鎏金木雕持国天王（东方的天王）像，高 118.1 厘米。元，公元 14 世纪

p.185
不动明王白石造像，高 88 厘米，陕西历史博物馆藏。唐，公元 618 ~公元 907 年

p.185
铅釉瓦陶罗汉坐像，高 126.4 厘米。辽，公元 11 世纪。为一组八件罗汉坐像之一

狰狞的面目：威严的阎罗

p.187
阎罗王铅釉陶，高 83.8 厘
加拿大皇家安大略博物馆
明，"嘉靖二年"铭，公元 15

p.189
沙岩石狮子，长 37 厘米。
公元 7 世纪晚期至 8 世纪早
早期印度的佛教已采用狮子
佛陀神力的隐喻，叙述狮子
唤醒迷途的众生。由于佛教
作为护法及圣地的守卫者，
的形象也因之传遍东亚

89

蹲狮，高 25.3 厘米，陕
史博物馆藏。北周，公元
~公元 581 年

物的归处：
利容器组

93

舍利容器一组，由右至左为
铜匣、银椁、金棺、玻璃舍

长 12.3 厘米，宽 12.3 厘米，
3.2 厘米，重 590 克
长 8.4 厘米，宽 8.4 厘米，
.3 厘米，重 350 克
长 7.5 厘米，宽 5.4 厘米，
厘米，重 110 克
公元 618 ~公元 907 年

p.195

鎏金如来说法盝顶银宝函，高 16.2 厘米，重 1666 克，陕西省法门寺博物馆藏。唐，公元 618 ~公元 907 年

p.195

捧真身银菩萨，高 38.5 厘米，重 1926 克，陕西省法门寺博物馆藏。唐，公元 618 ~公元 907 年。发愿文共十一行六十五字：奉为睿文英武明德至仁大圣广孝皇帝，敬造捧真身菩萨永为供奉。伏愿圣寿万春，圣枝万叶，八荒来服，四海无波。咸通十二年十一月十四日皇帝延庆日记

创造衣制的作用：彰显地位

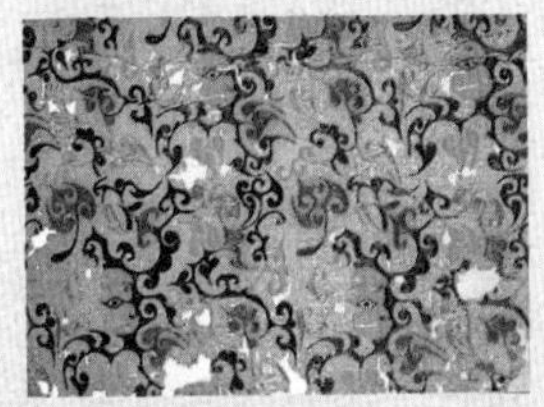

p.199

黄绮地乘云绣残片，湖南长沙马王堆一号墓出土，约公元前 2 世纪。湖南省博物馆藏

p.201

波斯含绶鸟织锦，45 厘米 x5.5 厘米、48.5 厘米 x4.8 厘米。唐，公元 618 ~公元 905 年

p.201

绿地鸳鸯栖花纹锦，长 41 厘米，宽 24 厘米。唐，公元 618 ~公元 905 年

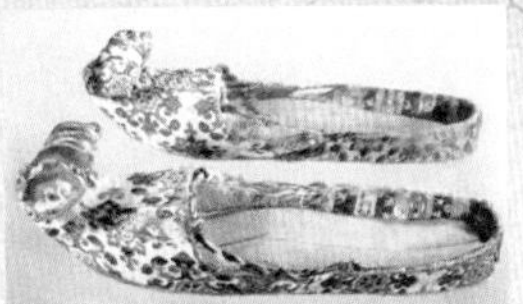

p.201

云头锦鞋，长 29.7 厘米。隋唐，约公元 7 ~公元 9 世纪

p.202

清绛丝织金锦吉服蟒袍，长 146 厘米。约公元 1680 ~公元 1700 年

p.202

清刺绣织金锦妇女常服，长 138.5 厘米。约公元 1890 ~公元 1900 年

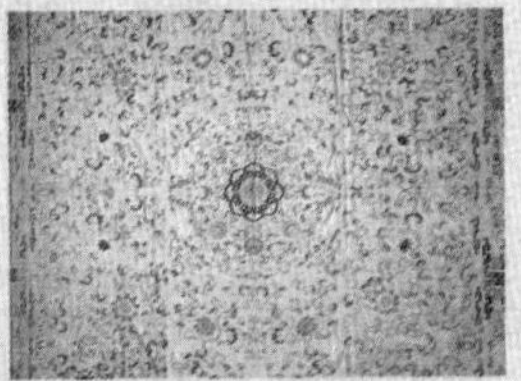

p.202

清绛丝织金锦地毯，宽 392 厘米。约公元 1830 ~公元 1860 年

保护死者：伏羲与女娲图像

p.205
彩绘伏羲女娲绢画，长 209 厘米，宽 105 ~ 83 厘米，新疆阿斯塔那出土。唐，公元 618 ~公元 905 年

p.207
画幡，长 205 厘米，湖南长沙马王堆一号墓出土。公元前 2 世纪

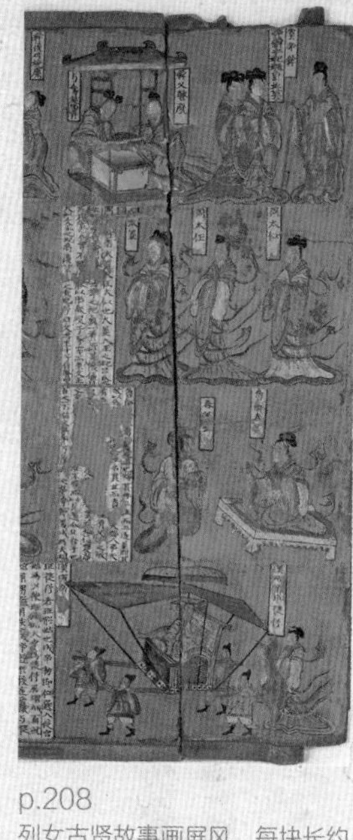

p.208
列女古贤故事画屏风，每块长约 80 厘米，宽约 20 厘米，厚约 2.5 厘米，大同市博物馆藏。北魏，约公元 5 ~公元 6 世纪

p.208
墓道壁画客使图，唐，约公元 7 ~公元 9 世纪

p.209
墓道壁画侍女图，五代，约公元 10 世纪

p.209
壁画演乐图，辽，公元 907 ~公元 1125 年

大量使用贵金属：鎏金银盘

p.211
鎏金熊纹六曲银盘，高 1 厘米，径 13.4 厘米，重 140 克，陕西历史博物馆藏。唐，公元 618 ~公元 907 年

p.212
嵌镶珠宝金项链，周长 43 厘
中国国家博物馆藏。隋，
581 ~公元 618 年。内中
的青金石原产于中亚阿富汗
项链又极具波斯风格，因此
认为它是由“丝绸之路”传
国的

p.212
蔓草鸳鸯纹银羽觞，长 10.
米，宽 9.6 厘米，高 3.2 厘
唐，公元 618 ~公元 907 年

3
刻花银锁，长 12.2 厘米。唐，
618 ~公元 907 年

3
舞马衔杯纹皮囊形银壶，高
厘米，陕西历史博物馆藏。
公元 618 ~公元 907 年。
有墨书“十三两半”，标明
的重量是唐制十三两半

4
纹八棱金杯，高 5.9 厘米，
0 克。陕西历史博物馆藏。
公元 618 ~公元 907 年

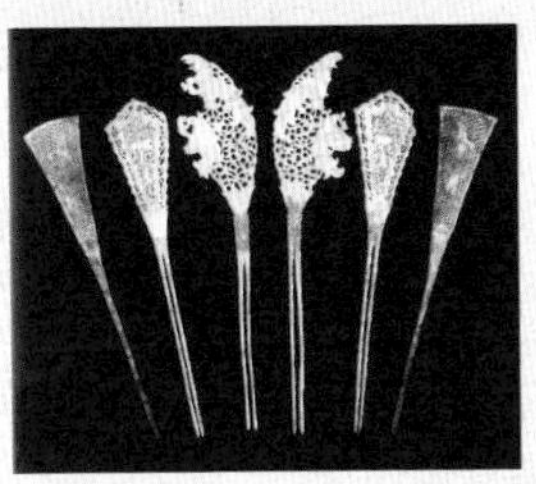

p.214
鎏金银簪与钗，长 33 ~ 29 厘米。唐，公元 618 ~公元 907 年

p.215
鎏金龟负论语玉烛银酒筹筒，高 34.2 厘米，长 24.6 厘米，江苏省镇江博物馆藏。唐，公元 618 ~公元 907 年

p.215
鎏金镶珠展翅银鸟，高 18.5 厘米，重 125 克，云南省博物馆藏。宋，公元 960 ~公元 1279 年

p.216
鎏金银冠，高 31.4 厘米，内蒙古自治区文物考古研究所藏。辽，公元 947 ~ 公元 1125 年。这件鎏金银冠是辽景宗孙女的随葬明器

p.216
舍利子金塔，高 11 厘米，辽宁省文物考古研究院藏。辽，公元 907 ~公元 1125 年

p.217
金面具，高 21.7 厘米，宽 18.8 厘米，内蒙古自治区文物考古研究所藏。辽，公元 907 ~ 1125 年。辽代的契丹贵族为了保护死者的面容、身体不致腐朽，有用面具覆盖死者的面容，以银丝包裹尸身的风俗。普通的面具为铜质、鎏金铜或银质，而这件面具则是以黄金制成，可见葬礼规格之高

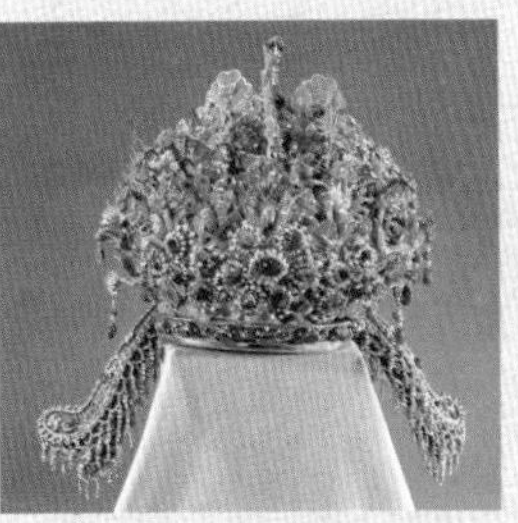

p.217
十二龙九凤冠，高 32 厘米，明孝靖皇后，定陵出土。公元 16 世纪。通高 48.5 厘米。蓝色的鱼狗羽毛